数字《すうじ》でわかる！ からだのびっくり図鑑《ずかん》

クリニックF院長 医学博士
藤本幸弘【監修】
造事務所【編著】

実務教育出版

<はじめに>

数字《すうじ》でわかる、からだのすごさ

私《わたし》たちのからだには、びっくりするようなことがたくさんあります。

たとえば、からだには何個《なんこ》の骨《ほね》があると思《おも》いますか？　50個《こ》でしょうか、100個《こ》でしょうか。それとも、200個《こ》でしょうか。正解《せいかい》は、……。

おとなでは、平均《へいきん》して206個《こ》もの骨《ほね》があります。しかも、じつは骨《ほね》の数《かず》は子《こ》どものほうが多《おお》く、生《う》まれたばかりのときには350個《こ》もの骨《ほね》があるのです。

本書《ほんしょ》では、驚《おどろ》きがいっぱいの「からだの不思議《ふしぎ》」を数字《すうじ》を使《つか》いながらお話《はな》ししていきます。イメージしやすいように、ときには、身近《みぢか》なもの（新聞紙《しんぶんし》、新幹線《しんかんせん》、スマホなど）の数字《すうじ》に置《お》き換《か》えてもいます。

本書《ほんしょ》を読《よ》んでたくさんびっくりして、からだのすごさを改《あらた》めて実感《じっかん》していただけると幸《さいわ》いです。

クリニックF院長《エフいんちょう》 医学博士《いがくはくし》　藤本《ふじもと》 幸弘《たかひろ》

おもな登場《とうじょう》人物《じんぶつ》の紹介《しょうかい》

本書《ほんしょ》に出《で》てくる登場《とうじょう》人物《じんぶつ》を見《み》てみましょう。

からだ博士《はかせ》

からだにくわしい博士《はかせ》。優《やさ》しい性格《せいかく》だが、よく不審者《ふしんしゃ》と間違《まちが》えられてしまう。88歳《さい》。

びっくり太郎《たろう》くん

からだのことに興味津々《きょうみしんしん》な男《おとこ》の子《こ》。からだ博士《はかせ》から、からだのことを学《まな》ぶ。10歳《さい》。

おかあさん

びっくり太郎《たろう》くんのおかあさん。からだ博士《はかせ》を不審者《ふしんしゃ》だと思《おも》い警戒《けいかい》している。39歳《さい》。

からだには知《し》らないことがたくさん!?

ある日《ひ》の朝《あさ》、びっくり太郎《たろう》くんは自分《じぶん》の抜《ぬ》け毛《げ》の多《おお》さが心配《しんぱい》になってしまった。そこにある人《ひと》が……。

髪《かみ》の毛《け》は抜《ぬ》けてもだいじょ～ぶ！
じゃ～～ん！
からだ博士《はかせ》
ずおおおぉ～!!
しゅるるる…
ズン
からだ博士《はかせ》、参上《さんじょう》！
ギャアアアアア!!
不審者《ふしんしゃ》～!! ドロボ～!!
いやっ……ちがっ……不審者《ふしんしゃ》じゃない!! 痛《いた》っ……ちょっ……ヤメ……
悪霊退散《あくりょうたいさん》！悪霊退散《あくりょうたいさん》！
プシュー
バシッ バシッ
からだのことを教《おし》えにきたのっ!!
からだのことにくわしい博士《はかせ》です
ヤメいっ！
さっきの抜《ぬ》け毛《げ》の話《はなし》じゃが……人《ひと》の髪《かみ》の毛《け》はの、2～6年《ねん》で生《は》え変《か》わるようになっとるんじゃよ。全部《ぜんぶ》で10万本《まんぼん》くらい生《は》えているといわれているから、1日《にち》100本《ぽん》くらいまでなら抜《ぬ》けても全然気《ぜんぜんき》にすることはないんじゃ！
2～6年《ねん》で抜《ぬ》ける
また生《は》える
そ、そうなんだ……じゃあ、ボク、ハゲないってこと？
それは……どうじゃろう……
シルンッ
あ…

もくじ

パート1 人体《じんたい》のしくみ

パート2 人体《じんたい》の大《おお》きさ

もくじ

もくじ

パート4 人体《じんたい》の限界《げんかい》

パート
1

人《じん》体《たい》のしくみ

ワシと一緒《いっしょ》に
からだのしくみを
探《さぐ》ろう！
ついていって
だいじょうぶ
かなぁ

からだのしくみを知《し》って おかないとたいへん!?

無事《ぶじ》に登校《とうこう》し、授業《じゅぎょう》を受《う》けていたびっくり太郎《たろう》くん。しかし、クラスメイトがたおれてしまい、再《ふたた》びあの人《ひと》が……。

花子《はなこ》ちゃんはだいじょ〜ぶ!
じゃじゃ〜ん
ヌルゥ!!
からだ博士《はかせ》、参上《さんじょう》!!
く……くせもの〜!
私《わたし》の生徒《せいと》に近《ちか》づくな〜!
ちょっ……いや……
先生《せんせい》やっちゃえ〜
見覚《みおぼ》えのある光景《こうけい》……
ボカ
スカ
先生《せんせい》!落《お》ち着《つ》いて!!
花子《はなこ》ちゃんを助《たす》けにきた博士《はかせ》です
花子《はなこ》ちゃんはおそらく鉄欠乏性《てつけつぼうせい》貧血《ひんけつ》じゃ
鉄欠乏性《てつけつぼうせい》貧血《ひんけつ》!?
血液《けつえき》の中《なか》の酸素《さんそ》を運《はこ》ぶヘモグロビンが不足《ふそく》してしまっていることで体内《たいない》が酸素不足《さんそぶそく》を起《お》こしているんじゃな
正常《せいじょう》
貧血《ひんけつ》
酸素《さんそ》
ヘモグロビン
ヘモグロビンがいない
赤血球《せっけっきゅう》
というわけで、ワシがもってきたコレを食《た》べればもうだいじょうぶ!
鉄《てつ》たっぷりの豚《ぶた》レバー500gじゃ♪
生肉《なまにく》♪生肉《なまにく》♪
ヤメテ〜
ヘモグロビンを構成《こうせい》しているのが鉄《てつ》じゃから、きちんと鉄《てつ》を摂取《せっしゅ》することで症状《しょうじょう》は改善《かいぜん》する。おとなでだいたい8mg、子《こ》どもやお年寄《としよ》りだと少《すこ》し多《おお》めの10mgが必要《ひつよう》といわれておる
鉄《てつ》でできてる!
鉄 鉄 鉄 鉄
10mg
8mg
子ども
おとな
退場《たいじょう》!!
生肉《なまにく》を押《お》し付《つ》けるな!
ガラッ
ポイッ
あれっ

A型《エーがた》の日本人《にほんじん》の割合《わりあい》

40%

日本人《にほんじん》にもっとも多《おお》い血液型《けつえきがた》はA型《エーがた》

人《にん》間《げん》の血液《けつえき》に種類《しゅるい》があるとわかったのは、今《いま》から100年以上前《ねんいじょうまえ》のことです。オーストリア人病理学者《じんびょうりがくしゃ》のラントシュタイナーたちによって、A《エー》、B《ビー》、AB《エービー》、O《オー》の4種類《しゅるい》に分《わ》けられることが発見《はっけん》されました。

日本人《にほんじん》はA型《エーがた》の血液型《けつえきがた》の人《ひと》が40%ともっとも多《おお》く、O型《オーがた》が30%、B型《ビーがた》が20%、AB型《エービーがた》が10%と、4対《たい》3対《たい》2対《たい》1の割合《わりあい》です。血液型《けつえきがた》の割合《わりあい》は国《くに》や人種《じんしゅ》、地域《ちいき》によってちがいがあります。

たとえば、フィリピンやイタリアではO型《オーがた》の人《ひと》が全《ぜん》体《たい》の40%以上《いじょう》ともいわれていて、日本人《にほんじん》と比《くら》べると10%以上多《いじょうおお》くなります。

ちなみに、これらの血液型《けつえきがた》は血液《けつえき》の中《なか》の赤《せっ》血球《けっきゅう》を分類《ぶんるい》したものですが、白血球《はっけっきゅう》にも血液《けつえき》型《がた》はあります。

くらべてみよう　動物《どうぶつ》の血液型《けつえきがた》

ゴリラの血液型《けつえきがた》はB型《ビーがた》しかない！？

ゴボウ、ダイコン
O型《オーがた》のみ
日本人《にほんじん》、ブタ
A型《エーがた》が多《おお》い
ゴリラ、カメ
ほぼB型《ビーがた》
スモモ、コンブ
AB型《エービーがた》のみ

自然界《しぜんかい》の血液型《けつえきがた》は偏《かたよ》っている!?

血液型《けつえきがた》は人間《にんげん》だけではなく、動物《どうぶつ》、魚《さかな》、植物《しょくぶつ》にもあります。植物《しょくぶつ》には血液《けつえき》が流《なが》れていませんが、一部《いちぶ》の植物《しょくぶつ》は血液《けつえき》に似《に》た物質《ぶっしつ》をもっているため、血液型《けつえきがた》がわかるのです。

しかし、自然界《しぜんかい》の血液型《けつえきがた》はとても偏《かたよ》っていて、たとえば、魚《さかな》はほとんどがA型《エーがた》で、ネコやブタも多《おお》くがA型《エーがた》です。

また、ゴリラやクジラ、カメのほとんどはB型《ビーがた》で、ゴボウやダイコン、サトイモ、ブドウはO型《オーがた》のみ、そして、スモモやコンブはAB型《エービーがた》しかありません。

豆知識《まめちしき》　白血球《はっけっきゅう》の血液型《けつえきがた》は臓器《ぞうき》移植《いしょく》のときに使《つか》われる。

人体《じんたい》における
酸素《さんそ》の割合《わりあい》

65%

人体《じんたい》の半分《はんぶん》以上《いじょう》は酸素《さんそ》でできている

40ページで説明《せつめい》するように、人体《じんたい》は、60兆個《ちょうこ》もの細胞《さいぼう》で成《な》り立《た》っていると考《かんが》えられています。からだの大部分《だいぶぶん》が水分《すいぶん》だといわれることからもわかるとおり、細胞《さいぼう》のほとんどは水分《すいぶん》でできています。

細胞《さいぼう》をさらに細《こま》かく分解《ぶんかい》すると、それ以上《いじょう》小《ち》さく分《わ》けられない「元素《げんそ》」という成分《せいぶん》に行《い》きつきます。

人体《じんたい》を構成《こうせい》しているおもな元素《げんそ》は、水《みず》の成《せい》分《ぶん》である水素《すいそ》と酸素《さんそ》や、炭《たん》素《そ》、窒素《ちっそ》の4種類《しゅるい》です。その割合《わりあい》は酸素《さんそ》65%、炭素《たんそ》18%、水素《すいそ》10%、窒素《ちっそ》3%となっています。

つまり、人体《じんたい》の65%は酸《さん》素《そ》でできているということになるのです。たとえば、体重《たいじゅう》40kgの人《ひと》は、約《やく》26kgが酸素《さんそ》だということになります。

酸素《さんそ》のウソ・ホント

人《ひと》が増《ふ》えても酸素《さんそ》は減《へ》らない？

人間《にんげん》は二酸化炭素《にさんかたんそ》を、植物《しょくぶつ》は酸素《さんそ》をはき出《だ》しているので、バランスがとれています。

化石燃料《かせきねんりょう》の使《つか》いすぎは禁物《きんもつ》

人間《にんげん》が増《ふ》えたら、酸素《さんそ》がなくなるのでしょうか？　いいえ、だいじょうぶ。人間《にんげん》も動物《どうぶつ》も酸素《さんそ》を吸《す》って二酸化炭素《にさんかたんそ》をはき出《だ》していますが、植物《しょくぶつ》は光合成《こうごうせい》で酸素《さんそ》をつくり続《つづ》けているので、バランスがとれているのです。

人間《にんげん》は石炭《せきたん》、石油《せきゆ》、天然《てんねん》ガスなどの化《か》石燃料《せきねんりょう》を毎日《まいにち》使《つか》っていますが、今《いま》のペースなら酸素《さんそ》がなくなるまでまだ数万年《すうまんねん》はかかるそうです。でも、化石燃料《かせきねんりょう》を使《つか》いすぎれば、二酸化炭素《にさんかたんそ》はもっと増《ふ》えてしまうかもしれません。

豆知識《まめちしき》　空気中《くうきちゅう》の二酸化炭素《にさんかたんそ》が20%を超《こ》えると、人間《にんげん》は数秒《すうびょう》で死《し》ぬ。

細胞《さいぼう》が生《う》まれてから死《し》ぬまでの長《なが》さ

24時間《じかん》

細胞《さいぼう》の寿命《じゅみょう》は1日《にち》から30年《ねん》まで

人《じん》体《たい》をつくっている細胞《さいぼう》は、そのひとつひとつが生命体《せいめいたい》です。細胞《さいぼう》にはさまざまな種類《しゅるい》があり、その種類《しゅるい》によって寿命《じゅみょう》はちがいます。

たとえば、もっとも寿命《じゅみょう》が長《なが》いのは骨《ほね》の組《そ》織《しき》をつくる骨細胞《こつさいぼう》の25年《ねん》～30年《ねん》です。血管《けっかん》のもっとも内側《うちがわ》の細胞《さいぼう》である血管内皮細胞《けっかんないひさいぼう》は6か月《げつ》、肝臓《かんぞう》をつくる肝細胞《かんさいぼう》は5か月《げつ》、血液中《けつえきちゅう》の成分《せいぶん》のひとつである赤血球《せっけっきゅう》は4か月《げつ》です。

情報《じょうほう》を伝《つた》える神経組織《しんけいそしき》を構《こう》成《せい》する神経細胞《しんけいさいぼう》は4～6週《しゅう》間《かん》、胃《い》の粘膜細胞《ねんまくさいぼう》は2～3日《にち》となっていて、それぞれ寿命《じゅみょう》はさまざまです。

また、小腸《しょうちょう》の内側《うちがわ》のかべは、「じゅう毛《もう》」という無数《むすう》の毛《け》のようなものでおおわれています。じゅう毛《もう》を形《かたち》づくっている細胞《さいぼう》は、細胞《さいぼう》の中《なか》でもっとも寿命《じゅみょう》が短《みじか》

く、生《う》まれてから死《し》ぬまでわずか1日《にち》しかありません。

細胞《さいぼう》は死《し》んでも生《う》まれ変《か》わる!?

細胞《さいぼう》は死《し》んでもほとんどの場合《ばあい》、ほかの細胞《さいぼう》が分裂《ぶんれつ》して生《う》まれ変《か》わり、死《し》んだ細胞《さいぼう》のうめあわせをします。なかには心臓《しんぞう》の筋肉《きんにく》を動《うご》かす心筋細胞《しんきんさいぼう》や脳《のう》の細胞《さいぼう》のように、生《う》まれ変《か》わらないとされる細胞《さいぼう》もあります。

最近《さいきん》では、ネズミ（マウス）で心筋細胞《しんきんさいぼう》を生《う》まれ変《か》わらせる実験《じっけん》に成功《せいこう》していて、人間《にんげん》の心臓病《しんぞうびょう》の治療《ちりょう》などにも応用《おうよう》できるのではないかと期待《きたい》されています。

からだ博士《はかせ》の細胞《さいぼう》クイズ！

（正解《せいかい》は下《した》を見《み》てね）

Q 人体《じんたい》を構成《こうせい》する細胞《さいぼう》は、1日《にち》にどれくらい入《い》れかわっているじゃろうか？

難易度《なんいど》 ★★★

1. 1日《にち》に3個《こ》
2. 1日《にち》に3000個《こ》
3. 1日《にち》に3000億個《おくこ》

えっと、1日《にち》にだから、そんなにたくさんではないよね……

正解《せいかい》は③。1秒《びょう》あたり約《やく》350万個《まんこ》入《い》れかわっています。

骨《ほね》が生《う》まれてから死《し》ぬまでの長《なが》さ

3年《ねん》

骨《ほね》は生《い》きていて、毎日《まいにち》生《う》まれ変《か》わり続《つづ》けている

骨《ほね》はかたくてじょうぶなので、変化《へんか》している実感《じっかん》はもちにくいですよね。しかし、皮膚《ひふ》や血液《けつえき》と同《おな》じように、骨《ほね》は毎日《まいにち》生《う》まれ変《か》わっているのです。

古《ふる》くなった骨《ほね》は、骨《ほね》をこわして吸収《きゅうしゅう》する役《やく》割《わり》をもつ破骨細胞《はこつさいぼう》によってこわされます。そして、骨《ほね》をつくる骨芽細胞《こつがさいぼう》の働《はたら》きによって、新《あたら》しい骨《ほね》が形成《けいせい》されます。

骨《ほね》の吸収《きゅうしゅう》には約《やく》20日《か》、骨《ほね》の形成《けいせい》には約《やく》90日《にち》必要《ひつよう》なので、骨《ほね》がこわされてから新《あたら》しく骨《ほね》がつくられるまで、4か月《げつ》ほどかかります。

からだの骨《ほね》は1年《ねん》で約《やく》2～3割《わり》が入《い》れかわるとされるので、からだ全体《ぜんたい》の骨《ほね》が入《い》れかわるには、およそ3年《ねん》かかることになります。

骨《ほね》は、おもにカルシウムとたんぱく質《しつ》でで

きていて、からだ全体《ぜんたい》のカルシウムのうち、99％をたくわえる役割《やくわり》を引《ひ》き受《う》けています。

カルシウムが不足《ふそく》すると……

からだ全体《ぜんたい》のカルシウムのうち、1％は血《けつ》液《えき》や体液《たいえき》の中《なか》にありますが、血液中《けつえきちゅう》のカルシウムが少《すく》なくなると、破骨細胞《はこつさいぼう》が骨《ほね》をこわしてカルシウムを血液《けつえき》に送《おく》りこみます。

そのため、食事《しょくじ》などによってカルシウムをとっていかないとからだの中《なか》のカルシウムが足《た》りなくなり、骨《ほね》がもろく骨折《こっせつ》しやすくなる、「骨《こっ》そしょう症《しょう》」という病気《びょうき》にかかりやすくなります。

からだ博士《はかせ》の骨《ほね》クイズ！

（正解《せいかい》は下《した》を見《み》てね）

Q じょうぶな骨《ほね》をつくるのに必要《ひつよう》なものは何《なん》じゃろうか？

難易度《なんいど》 ★★★

1. カルシウム
2. ビタミンD《ディー》
3. 日光《にっこう》に当《あ》たり適度《てきど》な運動《うんどう》をする

たしか、カルシウムが骨《ほね》にいいんだっけ……？

正解《せいかい》は全部《ぜんぶ》。栄養《えいよう》以外《いがい》にも、日光《にっこう》に当《あ》たることや適度《てきど》な運動《うんどう》が必要《ひつよう》。

一生《いっしょう》で表皮《ひょうひ》が生《う》まれ変《か》わる回数《かいすう》

1000回《かい》

表皮《ひょうひ》は毎月《まいつき》のように生《う》まれ変《か》わっている

皮《ひ》膚《ふ》のもっとも外側《そとがわ》にある表皮《ひょうひ》には、4つの層《そう》があります。表皮《ひょうひ》は、暑《あつ》さや寒《さむ》さ、紫外線《しがいせん》などの外《そと》の刺激《しげき》から、からだを守《まも》ります。その下《した》には、肌《はだ》のだん力《りょく》を保《たも》つ真皮《しんぴ》、脂肪《しぼう》をたくわえる皮下組織《ひかそしき》があります。

表皮《ひょうひ》の一番下《いちばんした》の層《そう》では、つねに新《あたら》しい細胞《さいぼう》がつくられていて、古《ふる》くなった細胞《さいぼう》を上《うえ》へと押《お》し上《あ》げます。一番上《いちばんうえ》の層《そう》に押《お》し上《あ》げられると、角質《かくしつ》という死《し》んだ細胞《さいぼう》になり、やがて「あか」となってはがれ落《お》ちます。おとなの場合《ばあい》、1日《にち》10gほどの、あかがはがれ落《お》ちるようです。

つくられた細胞《さいぼう》が死《し》んであかとなるまでの期間《きかん》は人《ひと》によってちがいますが、約《やく》4週間《しゅうかん》ほどかかります。つまり、80年間《ねんかん》生《い》きれば、表皮《ひょうひ》は1000回以上《かいいじょう》生《う》まれ変《か》わる計算《けいさん》になります。

くらべてみよう　生《う》まれ変《か》わる回数《かいすう》

1年《ねん》で約《やく》13回《かい》生《う》まれ変《か》わる表皮《ひょうひ》

10歳《さい》
約《やく》130回《かい》

39歳《さい》
約《やく》500回《かい》

88歳《さい》
約《やく》1150回《かい》

表皮《ひょうひ》が生《う》まれ変《か》わる、ターンオーバー

表皮《ひょうひ》が生《う》まれ変《か》わることを「ターンオーバー」といいます。人間《にんげん》の表皮《ひょうひ》はだいたい約《やく》28日間《にちかん》で生《う》まれ変《か》わるので、1歳《さい》の子《こ》どもは13回《かい》、10歳《さい》になったときはすでに130回《かい》もターンオーバーが起《お》こったことになります。20歳《さい》になるころには、260回《かい》も新《あたら》しい表皮《ひょうひ》に生《う》まれ変《か》わっていることになるのです。

そして、40歳《さい》では521回《かい》、50歳《さい》では651回《かい》、70歳《さい》では912回《かい》、77歳《さい》の誕《たん》生日《じょうび》をむかえる3か月《げつ》ほど前《まえ》には、1000回目《かいめ》のターンオーバーをむかえます。

豆知識《まめちしき》　お風呂《ふろ》で指《ゆび》がふやけるのは、角質層《かくしつそう》が水《みず》を吸《す》ってふくらむから。

男性《だんせい》の平均寿命《へいきんじゅみょう》は80.77歳《さい》

男性《だんせい》の平均寿命《へいきんじゅみょう》は、1位《い》の滋賀県《しがけん》(81.78歳《さい》)と47位《い》の青森県《あおもりけん》(78.67歳《さい》)の差《さ》が3.11歳《さい》もあり、少《すこ》しばらつきがある。

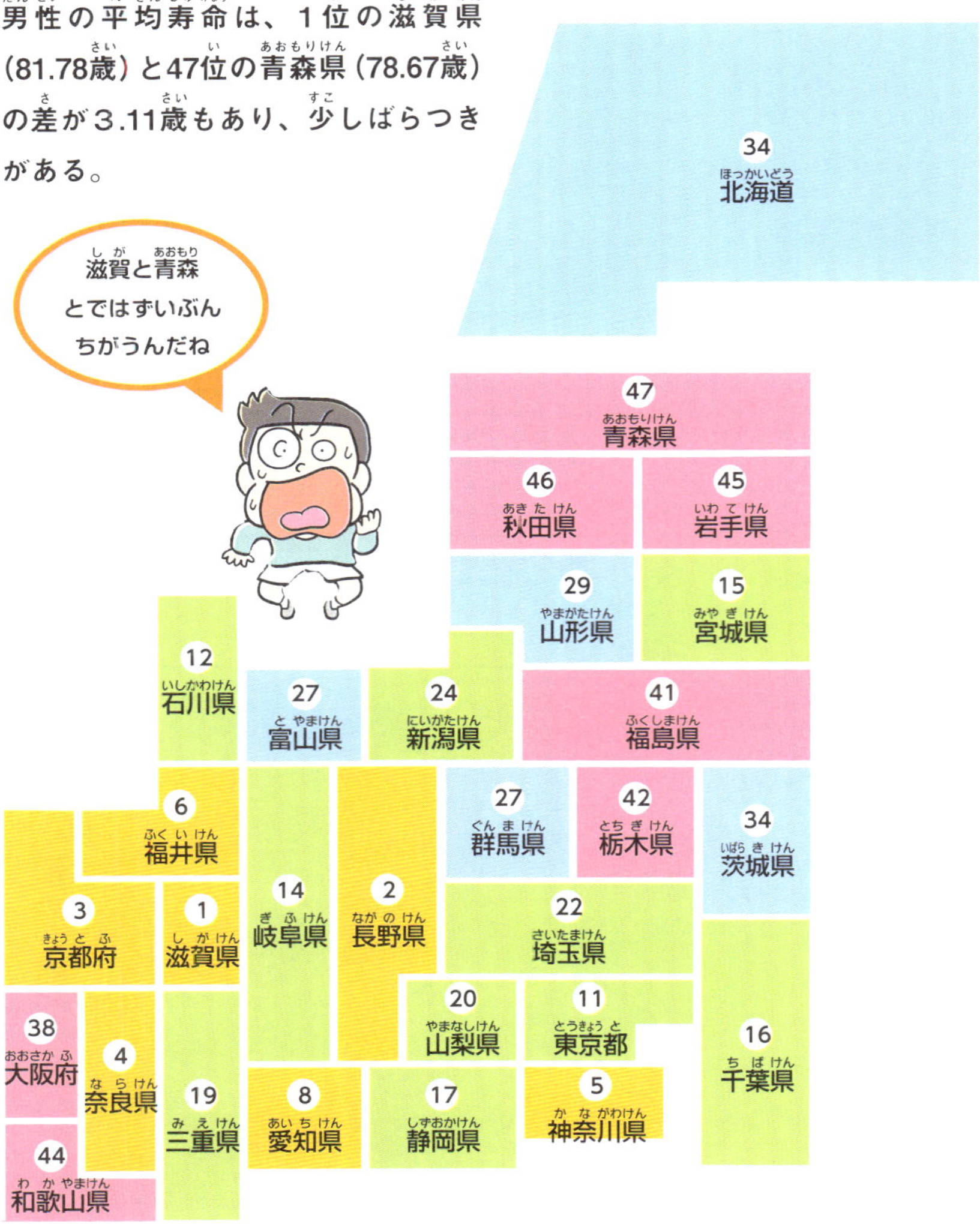

(厚生労働省《こうせいろうどうしょう》 平成《へいせい》27年《ねん》都道府県別生命表《とどうふけんべつせいめいひょう》)

平均寿命《へいきんじゅみょう》の長《なが》い都道府県《とどうふけん》ランキング（男性《だんせい》）

1	滋賀県《しがけん》	81.78歳《さい》
2	長野県《ながのけん》	81.75歳《さい》
3	京都府《きょうとふ》	81.40歳《さい》
4	奈良県《ならけん》	81.36歳《さい》
5	神奈川県《かながわけん》	81.32歳《さい》
6	福井県《ふくいけん》	81.27歳《さい》
7	熊本県《くまもとけん》	81.22歳《さい》
8	愛知県《あいちけん》	81.10歳《さい》
9	広島県《ひろしまけん》	81.08歳《さい》
9	大分県《おおいたけん》	81.08歳《さい》
11	東京都《とうきょうと》	81.07歳《さい》
12	石川県《いしかわけん》	81.04歳《さい》
13	岡山県《おかやまけん》	81.03歳《さい》
14	岐阜県《ぎふけん》	81.00歳《さい》
15	宮城県《みやぎけん》	80.99歳《さい》
16	千葉県《ちばけん》	80.96歳《さい》
17	静岡県《しずおかけん》	80.95歳《さい》
18	兵庫県《ひょうごけん》	80.92歳《さい》
19	三重県《みえけん》	80.86歳《さい》
20	香川県《かがわけん》	80.85歳《さい》
20	山梨県《やまなしけん》	80.85歳《さい》
22	埼玉県《さいたまけん》	80.82歳《さい》
23	島根県《しまねけん》	80.79歳《さい》
24	新潟県《にいがたけん》	80.69歳《さい》
25	福岡県《ふくおかけん》	80.66歳《さい》
26	佐賀県《さがけん》	80.65歳《さい》
27	富山県《とやまけん》	80.61歳《さい》
27	群馬県《ぐんまけん》	80.61歳《さい》
29	山形県《やまがたけん》	80.52歳《さい》
30	山口県《やまぐちけん》	80.51歳《さい》
31	長崎県《ながさきけん》	80.38歳《さい》
32	宮崎県《みやざきけん》	80.34歳《さい》
33	徳島県《とくしまけん》	80.32歳《さい》
34	茨城県《いばらきけん》	80.28歳《さい》
34	北海道《ほっかいどう》	80.28歳《さい》
36	沖縄県《おきなわけん》	80.27歳《さい》
37	高知県《こうちけん》	80.26歳《さい》
38	大阪府《おおさかふ》	80.23歳《さい》
39	鳥取県《とっとりけん》	80.17歳《さい》
40	愛媛県《えひめけん》	80.16歳《さい》
41	福島県《ふくしまけん》	80.12歳《さい》
42	栃木県《とちぎけん》	80.10歳《さい》
43	鹿児島県《かごしまけん》	80.02歳《さい》
44	和歌山県《わかやまけん》	79.94歳《さい》
45	岩手県《いわてけん》	79.86歳《さい》
46	秋田県《あきたけん》	79.51歳《さい》
47	青森県《あおもりけん》	78.67歳《さい》

平均寿命《へいきんじゅみょう》が長《なが》い県《けん》は
何《なに》かヒケツがあるん
じゃろうかのう

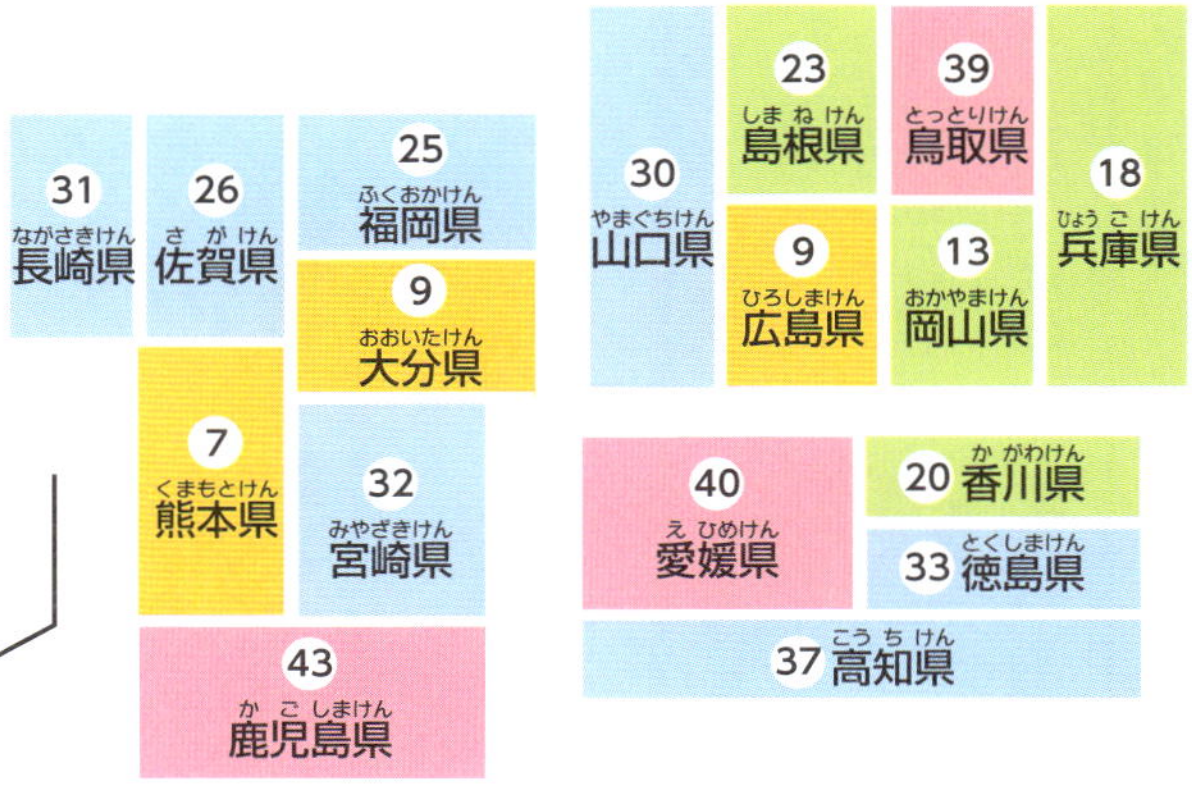
31 長崎県《ながさきけん》
26 佐賀県《さがけん》
25 福岡県《ふくおかけん》
9 大分県《おおいたけん》
7 熊本県《くまもとけん》
32 宮崎県《みやざきけん》
43 鹿児島県《かごしまけん》
36 沖縄県《おきなわけん》
30 山口県《やまぐちけん》
23 島根県《しまねけん》
39 鳥取県《とっとりけん》
9 広島県《ひろしまけん》
13 岡山県《おかやまけん》
18 兵庫県《ひょうごけん》
40 愛媛県《えひめけん》
20 香川県《かがわけん》
33 徳島県《とくしまけん》
37 高知県《こうちけん》

脳《のう》の記憶容量《きおくようりょう》

スマホ78台分《だいぶん》

脳《のう》はいらない情報《じょうほう》を捨《す》てて、新《あたら》しい情報《じょうほう》を記憶《きおく》し続《つづ》ける

人《にん》間《げん》が記憶《きおく》できるのは、いったいどれぐらいの量《りょう》なのでしょうか。アメリカの技術者《ぎじゅつしゃ》で発明家《はつめいか》のレイモンド・カーズウィルさんによれば、約《やく》1・25TB（テラバイト）分《ぶん》だそうです。

スマホ1台《だい》に入《い》れられるデータの量《りょう》を16GB（ギガバイト）とすると、78台分《だいぶん》にあたり、大変《たいへん》な記憶量《きおくりょう》です。写真《しゃしん》データ1枚《まい》の容量《ようりょう》を2MB（メガバイト）とすれば約《やく》62万《まん》5000枚《まい》です。

人間《にんげん》には、数秒《すうびょう》から数十《すうじゅう》秒《びょう》ほど覚《おぼ》えておく短期記憶《たんききおく》と、一生覚《いっしょうおぼ》えているような長期記憶《ちょうききおく》があります。

「朝《あさ》ごはんに何《なに》を食《た》べたか」といったような短期記憶《たんききおく》はすぐに忘《わす》れて新《あたら》しい記憶《きおく》に置《お》きかわるため、人間《にんげん》は、際限《さいげん》なく記憶《きおく》できるのです。

ボクの脳《のう》は
こんなにたくさん
記憶《きおく》してるかな

!? 脳《のう》にまつわるウソ・ホント

海馬《かいば》がないと自分《じぶん》の顔《かお》も覚《おぼ》えられない!?

見《み》たくない!
NO!
ガーン。。。
誰《だれ》!?

ドラマみたいなことが本当《ほんとう》にあるんだね

ヘンリー・モレゾンさんは、てんかん治療《ちりょう》のために海馬《かいば》をとると、自分《じぶん》の顔《かお》も覚《おぼ》えられなくなってしまった。

海馬《かいば》がないと新《あたら》しく記憶《きおく》できない

脳《のう》の「海馬《かいば》」というところは、記憶《きおく》や情報《じょうほう》の整理《せいり》をとりあつかっています。そのため、脳《のう》に海馬《かいば》がないと、新《あたら》しいことがらを記憶《きおく》することができなくなります。

重《おも》いてんかん治療《ちりょう》のために、海馬《かいば》やその近《ちか》くの切除手術《せつじょしゅじゅつ》を受《う》けたヘンリー・モレゾンさんという患者《かんじゃ》は、手術後《しゅじゅつご》に新《あたら》しく経験《けいけん》したことを記憶《きおく》できなくなってしまいました。その後数十年間《ごすうじゅうねんかん》、自分《じぶん》の顔《かお》を鏡《かがみ》で見《み》るたびに老《お》いた顔《かお》におどろき、苦痛《くつう》だったので、家《いえ》に鏡《かがみ》を置《お》かなくなってしまったそうです。

豆知識《まめちしき》 緊張《きんちょう》すると脳《のう》にその情報《じょうほう》が伝《つた》わり、ものを覚《おぼ》えられなくなる。

人間《にんげん》の視野《しや》

200度《ど》

目《め》を動《うご》かさなくても200度《ど》の範囲《はんい》を見《み》ることができる

人間《にんげん》の片目《かため》の視野《しや》は、内側《うちがわ》が鼻《はな》にさえぎられるので60度《ど》、外側《そとがわ》に90～100度《ど》で、左右方向《さゆうほうこう》では150～160度《ど》の範囲《はんい》を目《め》を動《うご》かさずに見《み》ることができます。

両目《りょうめ》の場合《ばあい》は、視野《しや》が重《かさ》なる部分《ぶぶん》がありますが、左右方向《さゆうほうこう》に約《やく》200度《ど》の範囲《はんい》を見《み》ることができます。

また、上下方向《じょうげほうこう》では上《うえ》に50～60度《ど》、下《した》に60～75度《ど》の、合《あ》わせて上下《じょうげ》110～135度《ど》の範囲《はんい》を見《み》ることができます。

人間《にんげん》の200度《ど》という視野《しや》は、動物《どうぶつ》の中《なか》では広《ひろ》いほうですが、ウマにはかないません。ウマの目《め》は顔《かお》の横《よこ》についていて、両目《りょうめ》で左右方向《さゆうほうこう》に350度《ど》もの範囲《はんい》を見《み》ることができます。まうしろ以外《いがい》は首《くび》を動《うご》かさずに見《み》られるため、危険《きけん》に気《き》がつきやすいのです。

ウマはほとんど
すべての方向《ほうこう》が見《み》え
ているんじゃ

くらべてみよう　動物《どうぶつ》の視野《しや》

ほぼ360度《ど》の範囲《はんい》を見《み》とおせるウマ

視野《しや》の範囲《はんい》
ヒト
200度《ど》
ウマ
350度《ど》
イヌ
240度《ど》

人間《にんげん》の視野《しや》は、10度《ど》になるときもある

人間《にんげん》の視野《しや》は、ウマやイヌにはかないませんが、約《やく》200度《ど》もの範囲《はんい》を見《み》ることができます。

ちなみにネコの視野《しや》は180度《ど》なので、人間《にんげん》の視野《しや》はネコよりも広《ひろ》いことになります。しかし、200度《ど》という視野《しや》も、狭《せま》くなってしまうことがあります。

たとえば、車《くるま》を運転《うんてん》しているときなどです。時速《じそく》60kmで走行《そうこう》しているときの視《し》野《や》は30度《ど》にまで落《お》ちてしまい、時速《じそく》100kmで走行《そうこう》しているときの視野《しや》は、わずか10度《ど》になってしまうといわれています。

豆知識《まめちしき》　ウマの目玉《めだま》の直径《ちょっけい》は約《やく》4.5cmで、人間《にんげん》の目玉《めだま》（約《やく》2.4cm）の倍《ばい》もある。

歯《は》のかたさ

モース硬度《こうど》で7~8度《ど》

歯《は》は鉄《てつ》よりかたく、水晶《すいしょう》と同《おな》じぐらい

子《こ》どもは乳歯《にゅうし》が上下《じょうげ》で20本《ぼん》生《は》えたあと、6～14歳《さい》ごろに永久歯《えいきゅうし》へと生《は》え変《か》わります。永久歯《えいきゅうし》のかたさは乳歯《にゅうし》の約《やく》2倍《ばい》です。

歯《は》の表面《ひょうめん》は厚《あつ》さが1㎜ほどのエナメル質《しつ》でおおわれています。エナメル質《しつ》は人体《じんたい》の中《なか》でもっともかたく、鉱物《こうぶつ》のかたさをはかる「モース硬度《こうど》」というものさしで7～8度《ど》。歯《は》は鉄《てつ》やガラスよりもかたく、水晶《すいしょう》と同《おな》じぐらいとされています。

永久歯《えいきゅうし》は、食《た》べ物《もの》をかみ切《き》る切歯《せっし》、とがっていて肉《にく》などを引《ひ》きさきやすい犬歯《けんし》、食《た》べ物《もの》を細《こま》かくすりつぶす小臼歯《しょうきゅうし》・大臼歯《だいきゅうし》など32本《ほん》あります。

また、奥歯《おくば》をぐっとかみしめると、奥歯《おくば》に体重《たいじゅう》とほぼ同《おな》じ重《おも》さが加《くわ》わります。体重《たいじゅう》が40kgの人《ひと》は、奥歯《おくば》に40kgの力《ちから》がかかるのです。

歯《は》は生《は》え変《か》わると
じょうぶに
なるんだね！

くらべてみよう　モース硬度《こうど》

爪《つめ》よりも、骨《ほね》よりもかたい歯《は》

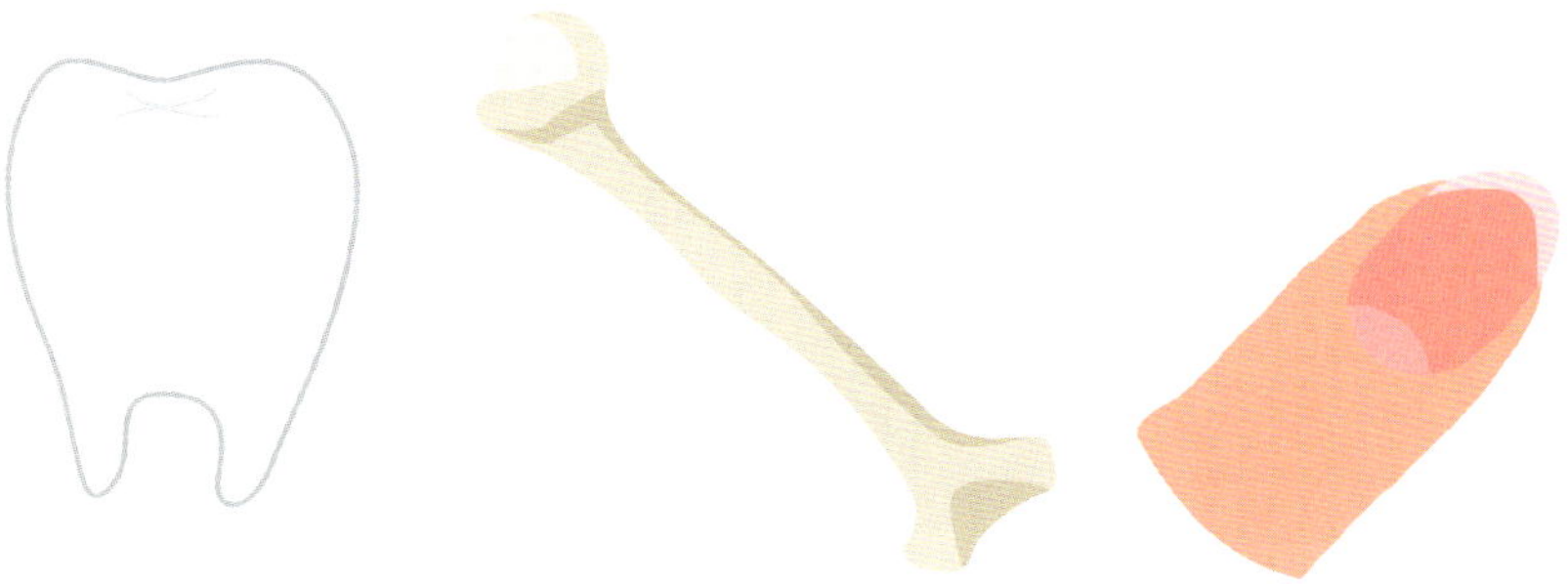

歯《は》
7～8度《ど》

骨《ほね》
4～5度《ど》

爪《つめ》
2.5度《ど》

骨《ほね》のかたさは鉄《てつ》と同《おな》じくらい

人体《じんたい》にあるかたそうな部分《ぶぶん》はどれくらいのかたさでしょうか。

モース硬度《こうど》ではかると骨《ほね》は4～5度《ど》、爪《つめ》は2・5度《ど》です。

ほかのもののかたさを見《み》てみると、プラチナや鉄《てつ》が4度《ど》、ナイフの刃《は》が5・5度《ど》、ガラスが6・5度《ど》、セラミックスが9度《ど》、ダイヤモンドはモース硬度《こうど》でもっともかたい10度《ど》となります。

ちなみに、世界《せかい》でもっともかたい食品《しょくひん》とされるかつおぶしは、モース硬度《こうど》7度《ど》。歯《は》と同《おな》じぐらいです。

豆知識《まめちしき》　食《た》べ物《もの》をかむときに使《つか》うあごの筋肉《きんにく》の力《ちから》は120kgもある。

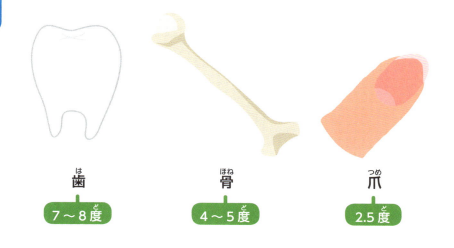

からだにある
鉄分《てつぶん》の量《りょう》

5~6g

からだの中《なか》には鉄分《てつぶん》があり、生《い》きていくのに欠《か》かせない

じつは、私《わたし》たちのからだの中《なか》には鉄《てつ》があり、「鉄分《てつぶん》」と呼《よ》ばれています。たとえば、体重《たいじゅう》が60~70kgのおとなの男性《だんせい》では、からだに5~6gほどの鉄分《てつぶん》があります。

鉄分《てつぶん》は、血液中《けつえきちゅう》の赤血球《せっけっきゅう》の中《なか》にあるヘモグロビンに約《やく》3~4g、肝臓《かんぞう》に約《やく》1g、そのほかにも骨髄《こつずい》や脾臓《ひぞう》にたくわえられています。

これら体内《たいない》の鉄分《てつぶん》が少《すく》なくなると、ヘモグロビンが酸素《さんそ》を運《はこ》びづらくなり、全身《ぜんしん》に酸素《さんそ》がいきわたらなくなって生《い》きられなくなります。

からだの中《なか》の鉄分《てつぶん》は、古《ふる》くなるとそのほとんどがリサイクルされていますが、汗《あせ》やおしっこ、うんことして毎日《まいにち》1・5㎎ほどからだの外《そと》に出《で》ています。

そのため、毎日《まいにち》10~15㎎の鉄分《てつぶん》を食事《しょくじ》でとる必要《ひつよう》があります。

食事《しょくじ》でとる鉄分《てつぶん》をもっとくわしく

鉄分《てつぶん》がたくさんとれる食《た》べ物《もの》

豚《ぶた》のレバー

13mg／100g

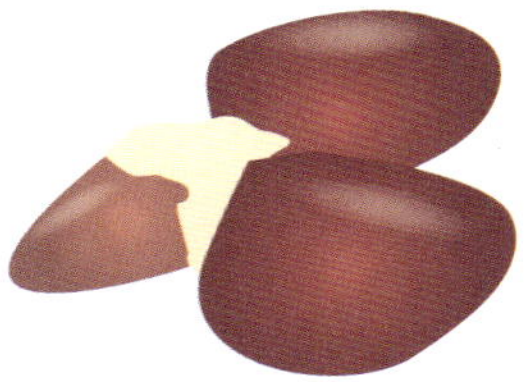

鶏《にわとり》のレバー

9mg／100g

煮干《にぼ》し

18mg／100g

「ヘム鉄《てつ》」で鉄分《てつぶん》をとろう

食事《しょくじ》でとる鉄分《てつぶん》には、動物性《どうぶつせい》の食品《しょくひん》にふくまれる「ヘム鉄《てつ》」と、植物性《しょくぶつせい》の食品《しょくひん》にふくまれる「非《ひ》ヘム鉄《てつ》」とがあります。

この動物性《どうぶつせい》のヘム鉄《てつ》のほうが、からだの吸収率《きゅうしゅうりつ》が5～6倍《ばい》も高《たか》いといわれています。

豚《ぶた》のレバーや鶏《にわとり》のレバー、煮干《にぼ》しなどが吸収率《きゅうしゅうりつ》のいいヘム鉄《てつ》の食《た》べ物《もの》です。

しかし、緑茶《りょくちゃ》にふくまれるタンニンや、コーヒー、紅茶《こうちゃ》のカフェインは鉄《てつ》の吸収《きゅうしゅう》をじゃましてしまうので、一緒《いっしょ》にとるときには気《き》をつけましょう。

豆知識《まめちしき》 鉄《てつ》のやかんでお湯《ゆ》を沸《わ》かして飲《の》んでも鉄分《てつぶん》がとれる。

人間《にんげん》に
見《み》える色《いろ》の数《かず》

約《やく》160種《しゅ》

3種類《しゅるい》の色《いろ》をもとに さまざまな色《いろ》を見分《みわ》けている

目《め》には網膜《もうまく》という膜《まく》があり、明《あか》るいところで色《いろ》の情報《じょうほう》を見分《みわ》ける視細胞《しさいぼう》（約《やく》600万個《まんこ》）と、明《あか》るさや暗《くら》さを感《かん》じ取《と》る視細胞《しさいほう》（約《やく》1億《おく》2000万個《まんこ》）とがあります。

網膜《もうまく》にあるこれらの視細胞《しさいぼう》が光《ひかり》の刺激《しげき》を受《う》け取《と》ることによって、明《あか》るさや色《いろ》をとらえることができているのです。

色《いろ》を見分《みわ》ける視細胞《しさいぼう》は、青《あお》、緑《みどり》、赤《あか》の光《ひかり》の波長《はちょう》のとらえやすさによって3種類《しゅるい》に分《わ》かれています。

3種類《しゅるい》の視細胞《しさいぼう》は、とらえた光《ひかり》の波長《はちょう》の情報《じょうほう》を脳《のう》に伝《つた》えています。青《あお》、緑《みどり》、赤《あか》は光《ひかり》の3原色《げんしょく》といわれています。この3色《しょく》の組《く》み合《あ》わせによって、さまざまな色《いろ》を感《かん》じとれるというわけです。

人間《にんげん》の目《め》が感《かん》じられる光《ひかり》（可視光線《かしこうせん》）の波《は》

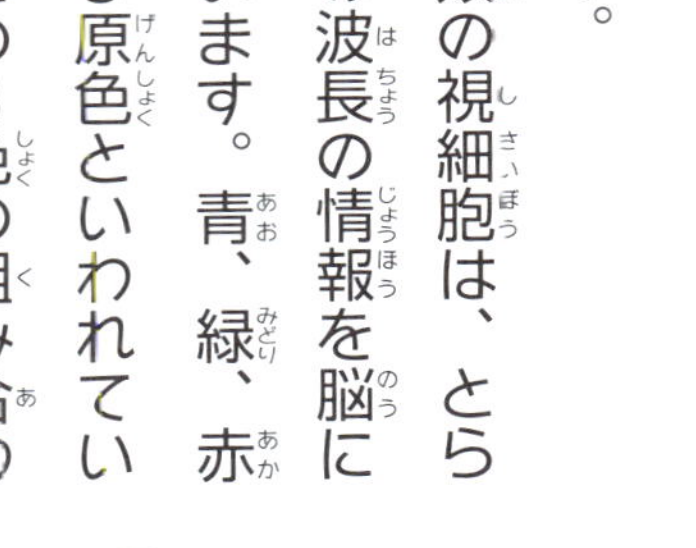

長《ちょう》は、人《ひと》によってちがいがありますが、だいたい380〜780nm（ナノメートル／1nmは10億分《おくぶん》の1m）ぐらいの範囲《はんい》です。

目《め》に見《み》える光《ひかり》の範囲《はんい》

可視光線《かしこうせん》の波長《はちょう》は400nmあたりが紫《むらさき》、500nmあたりが緑《みどり》、700nmあたりは赤《あか》に見《み》えます。

380〜780nmの範囲《はんい》の中《なか》に紫《むらさき》から赤《あか》までの色《いろ》をはじめ、色《いろ》の混《ま》ざり方《かた》によって、およそ160種類《しゅるい》ぐらいまでを見分《みわ》けることができると考《かんが》えられています。

ちなみに、年《とし》をとると紫《むらさき》を感《かん》じる力《ちから》が弱《よわ》くなるようです。

色《いろ》をもっとくわしく

色《いろ》は青《あお》、緑《みどり》、赤《あか》の3色《しょく》の組《く》み合《あ》わせ

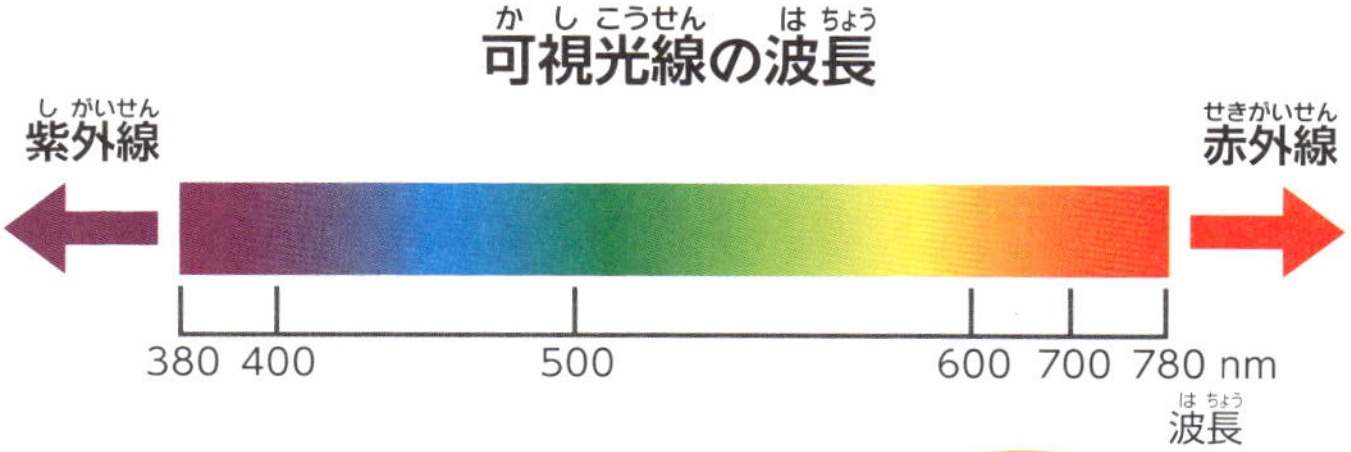
可視光線《かしこうせん》の波長《はちょう》
紫外線《しがいせん》
赤外線《せきがいせん》
380 400
500
600 700 780 nm
波長《はちょう》

紫外線《しがいせん》と赤外線《せきがいせん》は見《み》ることができないんだね

人間《にんげん》の目《め》で見《み》える光《ひかり》の波長《はちょう》は、紫外線《しがいせん》と赤外線《せきがいせん》にはさまれた、ほんのわずかな範囲《はんい》（約《やく》380〜780nm）。

豆知識《まめちしき》 2種類《しゅるい》の光《ひかり》の波長《はちょう》しか感《かん》じられない動物《どうぶつ》もいる。

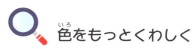

顔《かお》には200万匹《まんびき》もの ダニが生息《せいそく》している!?

カーペットなどにいるダニはアレルギーの原因《げんいん》になりますが、人《ひと》の顔《かお》にもダニが200万匹《まんびき》もいることを知《し》っていますか？

顔《かお》のダニは、ニキビダニ、コニキビダニの2種類《しゅるい》で大《おお》きさは0・2～0・3㎜ほど。毛穴《けあな》にすんでいます。ダニが増《ふ》えすぎると、死《し》がいなどが毛穴《けあな》につまり、肌《はだ》のかゆみやニキビなどの原因《げんいん》になります。

ふだんは悪《わる》さをしないが、増《ふ》えすぎると肌《はだ》トラブルに

ただし、顔《たお》にいるダニは、ふだんは悪《わる》さをせず、むしろ皮膚《ひふ》のあぶらの量《りょう》のバランスをととのえています。カーペットなどにいるダニとはまったくちがいます。

顔《なお》のダニが増《ふ》えすぎないように、あぶらっこい食事《しょくじ》のとりすぎや、汗《あせ》をかいて汚《よご》れたまま寝《ね》てしまうことはさけましょう。

顔《かお》には200万匹《まんびき》もダニがいたのか……。でも無害《むがい》なんだよね？

そうじゃが、ワシのようにつねにせいけつにしておくのじゃよ

パート

2

人体《じんたい》の大《おお》きさ

つぎはからだの大《おお》きさについてみてみるぞ
知《し》らないことが多《おお》いなぁ

からだにはまだまだ知《し》らないことがたくさん!?

遊《あそ》びながら下校《げこう》していたびっくり太郎《たろう》くん。しかし、友《とも》達《だち》のケンタくんがケガをしてしまい、またあの人《ひと》が……

ケンタくんはだいじょ〜ぶ!!
からだ博士《はかせ》参上《さんじょう》!!
じゃじゃじゃーん
あうっ
うわあ!
パカッ
よいしょっと
それはおそらく骨折《こっせつ》じゃろう
ううう…
えっ!折《お》れちゃってるの!?
でも……
クイッ
だいじょうぶ
骨《ほね》の中《なか》には生《い》きた細胞《さいぼう》があるんじゃ。皮膚《ひふ》や血液《けつえき》と同《おな》じように生《う》まれ変《か》わって自然《しぜん》に治《なお》る能力《のうりょく》が備《そな》わっているんじゃ!
骨折《こっせつ》
治癒《ちゆ》
骨細胞《こつさいぼう》
とくに子《こ》どもは骨《ほね》の再生能力《さいせいのうりょく》が高《たか》い。じゃから、治《なお》るのもおとなより早《はや》いんじゃな!
スタスタ
へえ〜
あっ
ゴツッ
ズコ〜!
痛《いた》いぃぃぃ!!
折《お》れた〜!折《お》れた〜!!
ギャーギャー
すぐ治《なお》るからだいじょうぶ……だよね!?
おーい…助《たす》けて…

細胞《さいぼう》の長《なが》さ

地球《ちきゅう》15周分《しゅうぶん》

細胞《さいぼう》を並《なら》べると地球《ちきゅう》よりはるかに長《なが》い

人《じん》体《たい》は、約《やく》60兆個《ちょうこ》の細胞《さいぼう》で成《な》り立《た》っています。60兆《ちょう》というとほうもない数字《すうじ》ですが、ピンとくるでしょうか？

たとえば、毎日《まいにち》100円貯金《えんちょきん》したとしたら、60兆円《ちょうえん》たまるのは6000億日後《おくにちご》。約《やく》16億年《おくねん》もかかってしまいます。

60兆個《ちょうこ》それぞれの細胞《さいぼう》の中心《ちゅうしん》にある核《かく》という部分《ぶぶん》には、遺伝子《いでんし》（親《おや》から子《こ》へ伝《つた》わる遺伝《いでん》の情報《じょうほう》をもつ）がつまっているDNA《ディーエヌエー》という物質《ぶっしつ》が、かならず備《そな》わっています。

DNA《ディーエヌエー》は細長《ほそなが》く、ねじれたひものようなものが二重《にじゅう》にからみあっています。

太《ふと》さは2nmと、髪《かみ》の毛《け》の約《やく》4万分《まんぶん》の1しかありません。このひものようなDNA《ディーエヌエー》を伸《の》ばしてつなげたとすると、なんと174㎝にも達《たっ》します。

ボクのからだは
こんなにたくさんの
細胞《さいぼう》でできてるのか

細胞《さいぼう》をすべてつなげると60万《まん》km

174cm（1・74m）の長《なが》さがあるDN《ディーエヌ》A《エー》は人体《じんたい》の中《なか》に60兆個《ちょうこ》もあるため、すべてをつなげるととほうもない長《なが》さになります。その距離《きょり》の合計《ごうけい》は1044億《おく》kmです。

地球《ちきゅう》から太陽《たいよう》までの距離《きょり》は約《やく》1億《おく》5000万《まん》kmなので、その700倍《ばい》。これは地球《ちきゅう》と太《たい》陽《よう》を350往復《おうふく》する距離《きょり》になります。

また、多《おお》くの細胞《さいぼう》の長《なが》さは0・01mmで、すべてつなげると約《やく》60万《まん》kmです。地球《ちきゅう》は1周《しゅう》が約《やく》4万《まん》kmなので、私《わたし》たちの細胞《さいぼう》は地球《ちきゅう》15周《しゅう》分《ぶん》もの長《なが》さがあるのです。

からだ博士《はかせ》の細胞《さいぼう》クイズ！

（正解《せいかい》は下《した》を見《み》てね）

Q 人間《にんげん》の細胞《さいぼう》の60兆個《ちょうこ》という数《かず》は、日本《にほん》の人口《じんこう》の約何倍《やくなんばい》になるじゃろうか。

難易度《なんいど》 ★★

1. 約《やく》48倍《ばい》
2. 約《やく》48万倍《まんばい》
3. 約《やく》48億倍《おくばい》

日本《にほん》の人口《じんこう》が1億《おく》2000万人《まんにん》くらいだから……

正解《せいかい》は②。日本《にほん》の人口《じんこう》は約《やく》1億《おく》2600万人《まんにん》で、細胞《さいぼう》の数《かず》はその48万倍《まんばい》。

小腸《しょうちょう》の
表面積《ひょうめんせき》

テニスコート

面分《めんぶん》

小腸《しょうちょう》のじゅう毛《もう》を広《ひろ》げるとテニスコートの広《ひろ》さ

小《しょう》腸《ちょう》には、胃《い》で消化《しょうか》された食《た》べ物《もの》の栄養《えいよう》分《ぶん》を、さらに消化《しょうか》して吸収《きゅうしゅう》する役割《やくわり》があります。

この小腸《しょうちょう》の内側《うちがわ》にはたくさんのひだがあり、その表面《ひょうめん》は、じゅうたんの毛《け》のような、「じゅう毛《もう》」という0・2〜1・2㎜ほどの毛《け》でびっしりとおおわれています。

じゅう毛《もう》には血管《けっかん》が通《とお》っていて、食《た》べ物《もの》の栄養分《えいようぶん》は、それぞれのじゅう毛《もう》から吸収《きゅうしゅう》され、血液《けつえき》によって全身《ぜんしん》へ運《はこ》ばれていくのです。

小腸《しょうちょう》の長《なが》さは、成人《せいじん》では5〜6m。直径《ちょっけい》は4㎝ほどで、つつのような形《かたち》をしていますが、その内部《ないぶ》のひだとじゅう毛《もう》の表面積《ひょうめんせき》を合《あ》わせると、200㎡ほどの広《ひろ》さになります。これは、テニスコート（シングルス用《よう》）とほぼ同《おな》じ広《ひろ》さです。

小腸《しょうちょう》の内部《ないぶ》をもっとくわしく

400万本《まんぼん》のじゅう毛《もう》が消化《しょうか》吸収《きゅうしゅう》を助《たす》けている

小腸《しょうちょう》の拡大図《かくだいず》

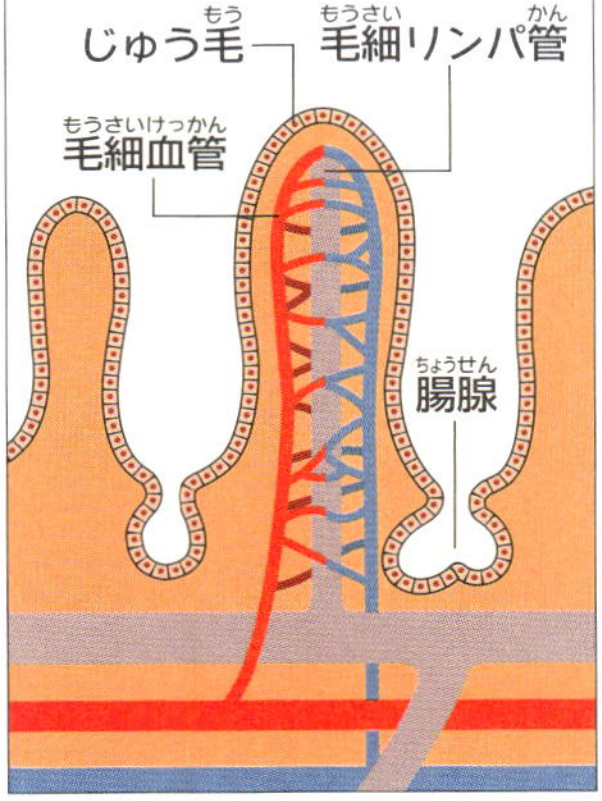

小腸《しょうちょう》では約《やく》90%の栄養素《えいようそ》が吸収《きゅうしゅう》される

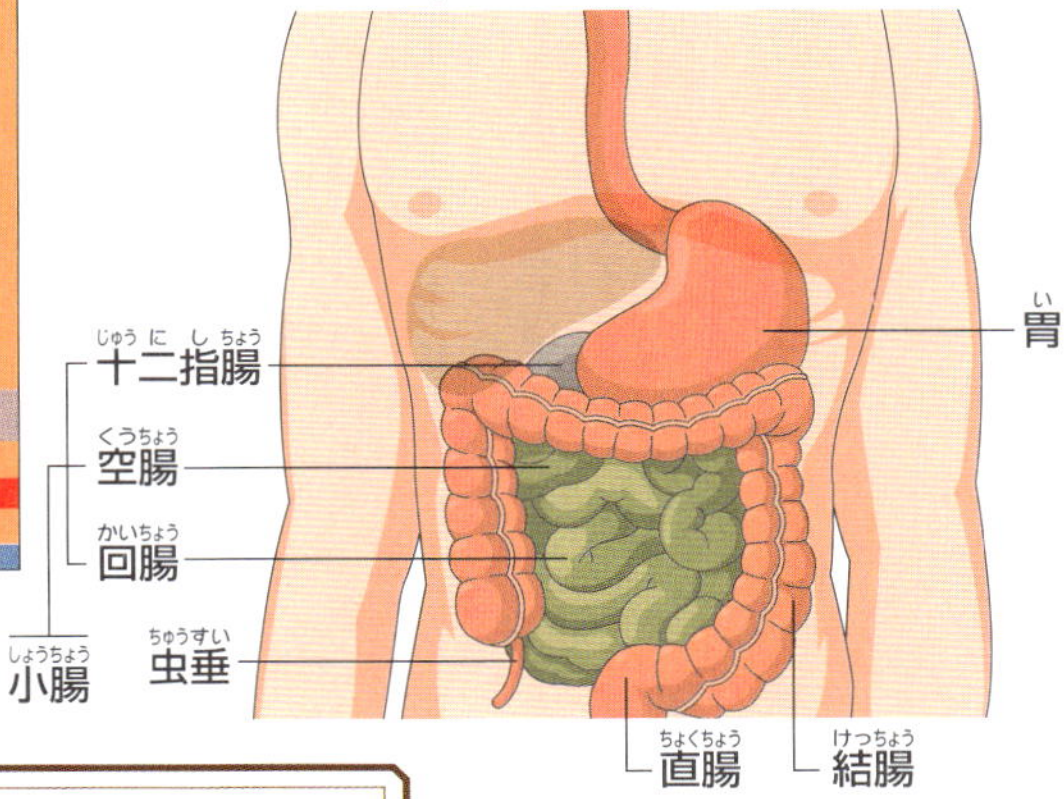

栄養《えいよう》を吸収《きゅうしゅう》するじゅう毛《もう》

小腸《しょうちょう》のじゅう毛《もう》は、運《はこ》ばれてきた食《た》べ物《もの》の栄養素《えいようそ》を吸収《きゅうしゅう》するためのものです。ひとりの人間《にんげん》には400万本《まんぼん》のじゅう毛《もう》があるといわれています。

さらに、じゅう毛《もう》の表面《ひょうめん》には、ブラシのような微《び》じゅう毛《もう》があります。

じゅう毛《もう》は小腸《しょうちょう》の内側《うちがわ》のひだを、突起《とっき》のようにおおっているんだね

豆知識《まめちしき》 食《た》べ物《もの》は、食道《しょくどう》から胃《い》まで約《やく》8秒間《びょうかん》で移動《いどう》している。

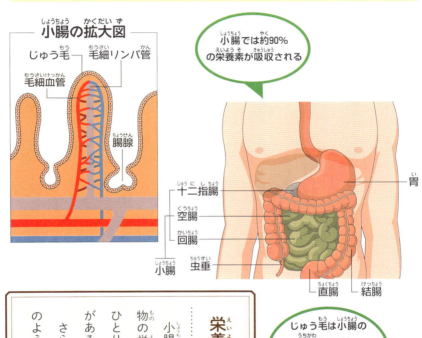

血管《けっかん》の長《なが》さ

10万《まん》km

血管《けっかん》の長《なが》さは地球《ちきゅう》2周半分《しゅうはんぶん》

からだにはりめぐらされている血管《けっかん》は、血液《けつえき》の通《とお》り道《みち》です。酸素《さんそ》や栄養分《えいようぶん》、水分《すいぶん》などを血液《けつえき》にのせて、からだのすみずみにまで血液《けつえき》をいきわたらせるという大事《だいじ》な役割《やくわり》をはたしています。

血管《けっかん》は大《おお》きく分《わ》けると心臓《しんぞう》から全身《ぜんしん》に血液《けつえき》を送《おく》りこむ動脈《どうみゃく》と、血液《けつえき》を心臓《しんぞう》へともどしていく静脈《じょうみゃく》と、毛細血管《もうさいけっかん》の3種類《しゅるい》があります。

動脈《どうみゃく》の中《なか》でも大動脈《だいどうみゃく》は心臓《しんぞう》の近《ちか》くにあってもっとも太《ふと》く、直径《ちょっけい》2～3㎝ほどです。

大動脈《だいどうみゃく》から出《で》た血液《けつえき》は、手足《てあし》の指先《ゆびさき》まで送《おく》られます。動脈《どうみゃく》、細動脈《さいどうみゃく》、毛細血管《もうさいけっかん》とえだ分《わ》かれして、どんどん細《ほそ》くなります。

指先《ゆびさき》にある毛細血管《もうさいけっかん》は直径約《ちょっけいやく》8㎛（マイクロメートル／1㎛は100万分《まんぶん》の1m）と

毛細血管《もうさいけっかん》でもっとも細《ほそ》く、人間《にんげん》の髪《かみ》の毛《け》の10分《ぶん》の1ほどの細《ほそ》さだといわれています。

世界《せかい》1周《しゅう》以上《いじょう》の旅《たび》をしている血液《けつえき》

全身《ぜんしん》にはりめぐらされた血管《けっかん》をすべてまっすぐ1本《ぽん》につなげた場合《ばあい》、どれぐらいの長《なが》さになるのでしょうか。

なんと10万《まん》kmになります。地球《ちきゅう》の1周分《しゅうぶん》が約《やく》4万《まん》kmですから、血管《けっかん》の長《なが》さはおよそ地球《ちきゅう》2周半分《しゅうはんぶん》にもなるのです。

つまり、私《わたし》たちのからだの中《なか》では、血液《けつえき》が地球《ちきゅう》2周半《しゅうはん》もの長《なが》い距離《きょり》を旅《たび》しているというわけです。

からだ博士《はかせ》の血管《けっかん》クイズ！

（正解《せいかい》は下《した》を見《み》てね）

Q 10万《まん》kmという長《なが》さは、東京《とうきょう》スカイツリー約何本分《やくなんぼんぶん》の長《なが》さになるじゃろうか。

難易度《なんいど》 ★★

1. 約《やく》1500本分《ぽんぶん》
2. 約《やく》1万《まん》5000本分《ぽんぶん》
3. 約《やく》15万本分《まんぼんぶん》

東京《とうきょう》スカイツリーは634mだから、えーっと……

正解《せいかい》は3。東京《とうきょう》スカイツリー 15万本分《まんぼんぶん》とは、血管《けっかん》の長《なが》さはとほうもない。

人間《にんげん》の皮膚《ひふ》の表面積《ひょうめんせき》

1畳分《じょうぶん》

からだの皮膚《ひふ》を合《あ》わせると畳《たたみ》1畳《じょう》くらいの大《おお》きさ

皮《ひ》膚《ふ》の表面積《ひょうめんせき》は、身長《しんちょう》や体重《たいじゅう》によってちがいますが、成人男性《せいじんだんせい》の場合《ばあい》は1・6㎡ほどあります。これは、畳《たたみ》1畳分《じょうぶん》と同《おな》じくらいです。なお、成人女性《せいじんじょせい》は1・4㎡、体重《たいじゅう》3kgの赤《あか》ちゃんは0・2㎡です。

皮膚《ひふ》の表皮《ひょうひ》の厚《あつ》さは平均《へいきん》して0・1〜0・3㎜ほどですが、手《て》のひらは約《やく》0・7㎜、足《あし》のうらは約《やく》1・3㎜と、よく使《つか》う部位《ぶい》ほど厚《あつ》みが増《ま》しています。反対《はんたい》に、まぶたは0・04㎜とからだの中《なか》でもっとも皮膚《ひふ》の表皮《ひょうひ》がうすい部位《ぶい》になります。

ちなみに、からだ全体《ぜんたい》では表皮《ひょうひ》が4kg、皮下組織《ひかそしき》までふくめると9kgの重《おも》さになるといわれています。9kgといえば生《う》まれたての赤《あか》ちゃん3人分《にんぶん》とほぼ同《おな》じ。じつは、皮膚《ひふ》は重《おも》いのです。

重《おも》さを感《かん》じないけど皮膚《ひふ》は9kgもあるんじゃ

!? 気温《きおん》とからだのウソ・ホント

暑《あつ》さ、寒《さむ》さでからだの大《おお》きさは変《か》わる!?

人《ひと》によって差《さ》はありますが、寒《さむ》い地方《ちほう》の人《ひと》ほどからだは大《おお》きく、暑《あつ》い地方《ちほう》の人《ひと》ほどからだは小《ちい》さいといわれています。

寒《さむ》い地方《ちほう》の人《ひと》は大《おお》がら 暑《あつ》い地方《ちほう》の人《ひと》は小《こ》がら

同《おな》じ種類《しゅるい》の動物《どうぶつ》でも、寒《さむ》い地方《ちほう》に生息《せいそく》する動物《どうぶつ》ほどからだは大《おお》きくなり、暑《あつ》い地方《ちほう》に生息《せいそく》する動物《どうぶつ》ほど小《ちい》さくなるという「ベルクマンの法則《ほうそく》」があります。

からだが大《おお》きいほど体重《たいじゅう》あたりの表面《ひょうめん》積《せき》が小《ちい》さいので、外《そと》の空気《くうき》にふれなくてすみます。寒《さむ》い地方《ちほう》の人《ひと》は熱《ねつ》をたくわえるため、からだが大《おお》きいと都合《つごう》がよいのです。

その逆《ぎゃく》に暑《あつ》い地方《ちほう》の人《ひと》は、熱《ねつ》が逃《に》げやすい小《ちい》さなからだのほうが都合《つごう》がよいのです。

豆知識《まめちしき》 赤《あか》ちゃんの皮膚《ひふ》の厚《あつ》みは成人《せいじん》の3分《ぶん》の1ほどしかない。

日本人《にほんじん》の髪《かみ》の毛《け》

10万本《まんぼん》

髪《かみ》の毛《け》は1㎜の10分《ぶん》の1の細《ほそ》さで、10万本《まんぼん》も生《は》えている

足《あし》のうらや手《て》のひらといったごく一部《いちぶ》をのぞき、人間《にんげん》は全身《ぜんしん》に毛《け》が生《は》えています。毛《け》の数《かず》は、うぶ毛《げ》もふくめて全部《ぜんぶ》で500万本《まんぼん》ほどですが、もっとも目立《めだ》つのは頭《あたま》に生《は》えている髪《かみ》の毛《け》です。

日本人《にほんじん》は髪《かみ》の毛《け》が約《やく》10万本《まんぼん》、欧米人《おうべいじん》（ヨーロッパやアメリカに住《す》む人《ひと》）は約《やく》12万本《まんぼん》生《は》えています。

日本人《にほんじん》は欧米人《おうべいじん》より2万本《まんぼん》少《すく》ないかわりに、髪《かみ》の毛《け》の太《ふと》さは1本《ぽん》あたり100㎛（1㎜の10分《ぶん》の1）と、欧米人《おうべいじん》（60㎛）より太《ふと》くなっています。

髪《かみ》の毛《け》が伸《の》びる速《はや》さは人《ひと》によってちがいますが、平均《へいきん》で1日《にち》あたり0・3〜0・45㎜ほど伸《の》びるそう。お年《とし》よりは髪《かみ》の毛《け》が伸《の》びるスピードが少《すこ》しおそくなります。

くらべてみよう　髪《かみ》の色《いろ》と毛《け》の本数《ほんすう》

金髪《きんぱつ》の人《ひと》は黒髪《くろかみ》の1.5倍《ばい》も髪《かみ》の毛《け》が多《おお》い!?

金髪《きんぱつ》	黒毛《くろげ》	赤毛《あかげ》
15万本《まんぼん》	10万本《まんぼん》	9万本《まんぼん》

髪《かみ》の色《いろ》によって毛《け》の数《かず》と質《しつ》もちがう

髪《かみ》の毛《け》の本数《ほんすう》は、髪《かみ》の色《いろ》によってちがいがあります。たとえば、赤毛《あかげ》の人《ひと》は約《やく》9万本《まんぼん》、黒毛《くろげ》の人《ひと》は約《やく》10万本《まんぼん》、栗毛《くりげ》の人《ひと》は約《やく》11万本《まんぼん》、金髪《きんぱつ》の人《ひと》は15万本《まんぼん》といわれています。

日本人《にほんじん》は毛《け》が白人《はくじん》よりも太《ふと》くまっすぐで、髪《かみ》の毛《け》を切《き》った断面《だんめん》も円《えん》に近《ちか》い形《かたち》をしています。

また、日本人《にほんじん》よりも髪《かみ》の毛《け》が細《ほそ》い白人《はくじん》などの欧米人《おうべいじん》は、毛《け》の断面《だんめん》がだ円《えん》になっていて、ウェーブがかかりやすいという特《とく》ちょうがあります。

豆知識《まめちしき》 頭《あたま》にできるつむじは、サルのなかまでは2つ以上《いじょう》ある。

脳《のう》を守《まも》っている膜《まく》

3枚《まい》 脳《のう》はとてもやわらかくて、頭蓋骨《ずがいこつ》に当《あ》たるとこわれてしまう

人《にん》間《げん》の脳《のう》は豆腐《とうふ》と同《おな》じくらいのやわらかさだといわれていて、かたい頭蓋骨《ずがいこつ》に当《あ》たるとこわれてしまうほどです。けれど、脳《のう》が頭蓋骨《ずがいこつ》に直《じか》に当《あ》たることはありません。

脳《のう》は頭蓋骨《ずがいこつ》の内側《うちがわ》で、3枚《まい》の「髄膜《ずいまく》」という膜《まく》に包《つつ》まれて守《まも》られています。まず、「軟《なん》膜《まく》」といううすい膜《まく》が脳《のう》にぴったりとくっついて、その外側《そとがわ》はクモの巣《す》のような「クモ膜《まく》」に囲《かこ》まれています。さらにその外側《そとがわ》は、「硬膜《こうまく》」というがんじょうな膜《まく》に包《つつ》まれています。

そして、クモ膜《まく》と軟膜《なんまく》の間《あいだ》にある「クモ膜下腔《まくかくう》」という部分《ぶぶん》は、「脳脊髄液《のうせきずいえき》」というとうめいな液体《えきたい》でいっぱいになっています。この脳脊髄液《のうせきずいえき》がクッションの役割《やくわり》をしているおかげで、脳《のう》はゆれやしょうげきから守《まも》られているのです。

髄膜《ずいまく》をもっとくわしく

脳脊髄液《のうせきずいえき》で満《み》たされているクモ膜下腔《まくかくう》

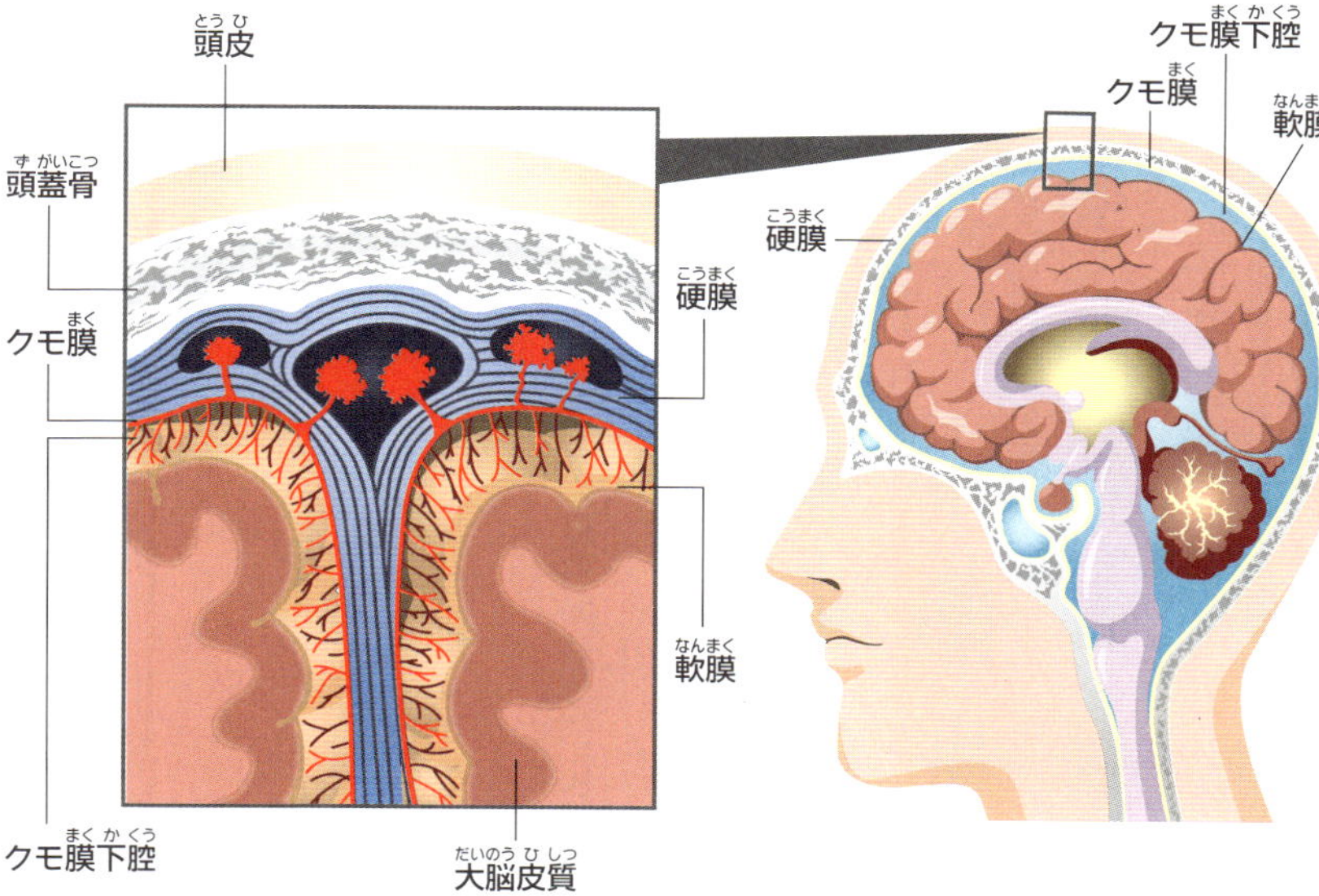

重《おも》さと知能《ちのう》は関係《かんけい》ない!?

一般的《いっぱんてき》な成人《せいじん》の脳《のう》の重《おも》さは1400gぐらいといわれていますが、ロシア人作家《じんさっか》のツルゲーネフは2012gもあり、ドイツの政治家《せいじか》ビスマルクも1807gもあったといわれています。

偉人《いじん》や天才《てんさい》など、知能《ちのう》の高《たか》い人《ひと》の脳《のう》は重《おも》いと考《かんが》えられていましたが、千円札《せんえんさつ》でおなじみの夏目漱石《なつめそうせき》の脳《のう》は1425gと平均《へいきん》ぐらいの重《おも》さで、天才《てんさい》と名高《なだか》いアインシュタインの脳《のう》は1230gでした。

いまでは、脳《のう》の重《おも》さと知能《ちのう》は関係《かんけい》ないと考《かんが》えられています。

豆知識《まめちしき》　マッコウクジラの脳《のう》の重《おも》さは9000g以上《いじょう》もある。

おとなの骨《ほね》の数《かず》

206個《こ》

おとなになるにつれて、ひとつになる骨《ほね》がある

おとなの骨《ほね》の数《かず》は平均《へいきん》して206個《こ》といわれています。人《ひと》のからだは頭骨《とうこつ》が23個《こ》、背骨《せぼね》が26個《こ》、胸部《きょうぶ》が25個《こ》、上肢《じょうし》（肩《かた》から手先《てさき》）が64個《こ》（片側《かたがわ》32個《こ》）、下肢《かし》（股関節《こかんせつ》から足先《あしさき》）が62個《こ》（片側《かたがわ》31個《こ》）などの骨《ほね》で成《な》り立《た》っています。

生《う》まれたばかりのときは350個《こ》もの骨《ほね》があるのですが、成長《せいちょう》するうちにひとつになる骨《ほね》が出《で》てくるので、数《かず》が減《へ》っていきます。

ちなみに、頭骨《とうこつ》は45個《こ》から23個《こ》、背骨《せぼね》は32～34個《こ》から26個《こ》に減《へ》り、数個《すうこ》あった仙椎《せんつい》や尾椎《びつい》といった骨《ほね》はそれぞれ1個《こ》になります。

骨《ほね》の成長《せいちょう》がとまって数《かず》が安定《あんてい》するのは男性《だんせい》が18歳《さい》、女性《じょせい》が15・5歳《さい》ごろです。骨《ほね》の成長《せいちょう》はそこでとまりますが、そのあとも骨《ほね》は新《あたら》しく生《う》まれ変《か》わります。

人体《じんたい》の骨《ほね》をもっとくわしく

頭蓋骨《ずがいこつ》は23個《こ》もの骨《ほね》でできている

おとなの頭蓋骨《すがいこつ》

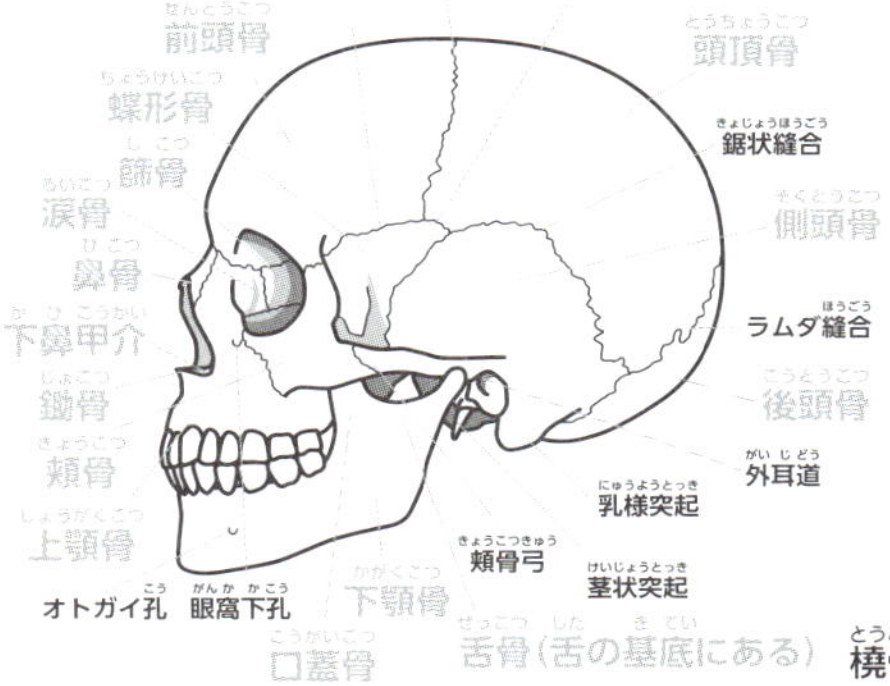

大《おお》きなひとつの骨《ほね》に見《み》える頭蓋骨《ずがいこつ》は、15種類《しゅるい》23個《こ》の骨《ほね》が合《あ》わさってできている。

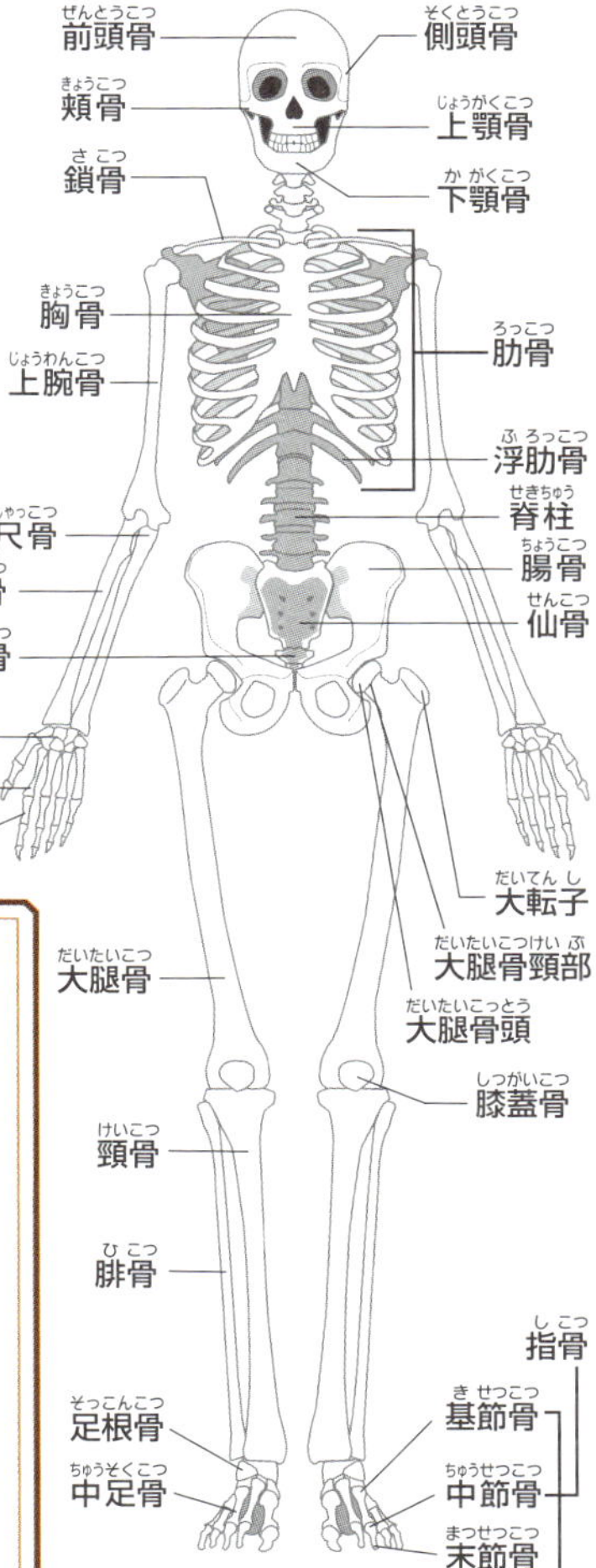

ぜんぶで206個《こ》もある全身《ぜんしん》の骨《ほね》。生《う》まれたばかりのときはさらに多《おお》く、350個《こ》もの骨《ほね》がある。

人体《じんたい》の骨《ほね》は数《すう》mm～数十《すうじゅう》cm

人体《じんたい》の骨《ほね》の大《おお》きさはさまざまで、もっとも大《おお》きいのは太《ふと》ももの骨《ほね》。長《なが》さ35～45cm、太《ふと》さ2・4～2・5cmです。ちなみにもっとも小《ちい》さい骨《ほね》は両耳《りょうみみ》の耳《じ》小骨《しょうこつ》の中《なか》にあるアブミ骨《こつ》。長《なが》さはわずか3～4mmしかありません。

豆知識《まめちしき》 運動《うんどう》をしすぎると、少《すこ》しの衝撃《しょうげき》で疲労骨折《ひろうこっせつ》が起《お》こることがある。

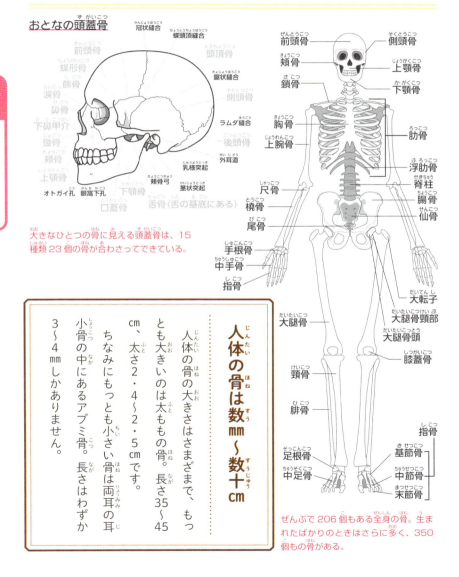

女性《じょせい》の平均寿命《へいきんじゅみょう》は87.01歳《さい》

女性《じょせい》の平均寿命《へいきんじゅみょう》は、1位《い》の長野県《ながのけん》(87.675歳《さい》)と47位《い》の青森県《あおもりけん》(85.93歳《さい》)の差《さ》が1.74歳《さい》しかなく、どの都《と》道府県《どうふけん》でも85歳《さい》を超《こ》えています。

女《おんな》の人《ひと》は男《おとこ》の人《ひと》より7歳《さい》も長生《ながい》きするのか……
37 北海道《ほっかいどう》
47 青森県《あおもりけん》
44 秋田県《あきたけん》
42 岩手県《いわてけん》
29 山形県《やまがたけん》
20 宮城県《みやぎけん》
13 石川県《いしかわけん》
8 富山県《とやまけん》
11 新潟県《にいがたけん》
43 福島県《ふくしまけん》
5 福井県《ふくいけん》
33 群馬県《ぐんまけん》
46 栃木県《とちぎけん》
45 茨城県《いばらきけん》
9 京都府《きょうとふ》
4 滋賀県《しがけん》
34 岐阜県《ぎふけん》
1 長野県《ながのけん》
39 埼玉県《さいたまけん》
18 山梨県《やまなしけん》
15 東京都《とうきょうと》
38 大阪府《おおさかふ》
16 奈良県《ならけん》
27 三重県《みえけん》
32 愛知県《あいちけん》
24 静岡県《しずおかけん》
17 神奈川県《かながわけん》
30 千葉県《ちばけん》
41 和歌山県《わかやまけん》

(厚生労働省《こうせいろうどうしょう》 平成《へいせい》27年《ねん》都道府県別生命表《とどうふけんべつせいめいひょう》)

平均寿命《へいきんじゅみょう》の長《なが》い都道府県《とどうふけん》ランキング（女性《じょせい》）

1	長野県《ながのけん》	87.675歳《さい》
2	岡山県《おかやまけん》	87.673歳《さい》
3	島根県《しまねけん》	87.64歳《さい》
4	滋賀県《しがけん》	87.57歳《さい》
5	福井県《ふくいけん》	87.54歳《さい》
6	熊本県《くまもとけん》	87.49歳《さい》
7	沖縄県《おきなわけん》	87.44歳《さい》
8	富山県《とやまけん》	87.42歳《さい》
9	京都府《きょうとふ》	87.35歳《さい》
10	広島県《ひろしまけん》	87.33歳《さい》
11	新潟県《にいがたけん》	87.32歳《さい》
12	大分県《おおいたけん》	87.31歳《さい》
13	石川県《いしかわけん》	87.28歳《さい》
14	鳥取県《とっとりけん》	87.27歳《さい》
15	東京都《とうきょうと》	87.26歳《さい》
16	奈良県《ならけん》	87.25歳《さい》
17	神奈川県《かながわけん》	87.24歳《さい》
18	山梨県《やまなしけん》	87.22歳《さい》
19	香川県《かがわけん》	87.21歳《さい》
20	宮城県《みやぎけん》	87.16歳《さい》
21	福岡県《ふくおかけん》	87.14歳《さい》
22	宮崎県《みやざきけん》	87.12歳《さい》
22	佐賀県《さがけん》	87.12歳《さい》
24	静岡県《しずおかけん》	87.10歳《さい》
25	兵庫県《ひょうごけん》	87.07歳《さい》
26	高知県《こうちけん》	87.01歳《さい》
27	三重県《みえけん》	86.99歳《さい》
28	長崎県《ながさきけん》	86.97歳《さい》
29	山形県《やまがたけん》	86.96歳《さい》
30	千葉県《ちばけん》	86.91歳《さい》
31	山口県《やまぐちけん》	86.88歳《さい》
32	愛知県《あいちけん》	86.86歳《さい》
33	群馬県《ぐんまけん》	86.84歳《さい》
34	岐阜県《ぎふけん》	86.82歳《さい》
34	愛媛県《えひめけん》	86.82歳《さい》
36	鹿児島県《かごしまけん》	86.78歳《さい》
37	北海道《ほっかいどう》	86.77歳《さい》
38	大阪府《おおさかふ》	86.73歳《さい》
39	埼玉県《さいたまけん》	86.66歳《さい》
39	徳島県《とくしまけん》	86.66歳《さい》
41	和歌山県《わかやまけん》	86.47歳《さい》
42	岩手県《いわてけん》	86.44歳《さい》
43	福島県《ふくしまけん》	86.40歳《さい》
44	秋田県《あきたけん》	86.38歳《さい》
45	茨城県《いばらきけん》	86.33歳《さい》
46	栃木県《とちぎけん》	86.24歳《さい》
47	青森県《あおもりけん》	85.93歳《さい》

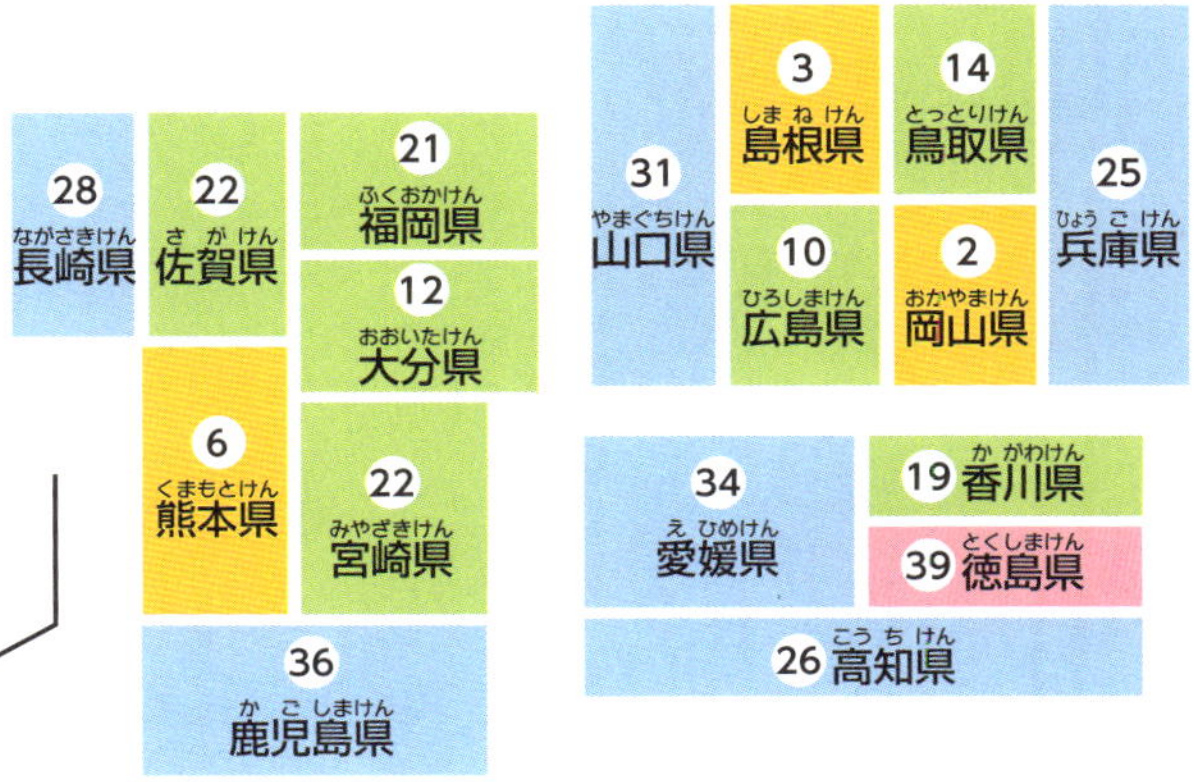

遺伝子《いでんし》の数《かず》

約《やく》2万《まん》個《こ》

両親《りょうしん》の特《とく》ちょうを伝《つた》える遺伝子《いでんし》の正確《せいかく》な数《かず》はわかっていない

親《おや》から子《こ》へと伝《つた》えられる生《い》き物《もの》としてのさまざまな特《とく》ちょうは、父親《ちちおや》と母親《ははおや》の両方《りょうほう》から、遺伝子《いでんし》という情報《じょうほう》によって、半分《はんぶん》ずつ伝《つた》えられています。

たとえば、父親《ちちおや》の髪《かみ》の毛《け》がまっすぐで母親《ははおや》が巻《ま》き毛《げ》、父親《ちちおや》の顔《かお》が丸顔《まるがお》で母親《ははおや》が細長《ほそなが》いとき、その子《こ》どもは巻《ま》き毛《げ》で丸顔《まるがお》になるかもしれません。

ピッタリ半分《はんぶん》ずつ両親《りょうしん》の特《とく》ちょうを受《う》けつぐわけではないのですが、ある部分《ぶぶん》は父親《ちちおや》、ある部分《ぶぶん》は母親《ははおや》に似《に》るのは、遺伝子《いでんし》のためです。

かつて、人間《にんげん》の遺伝子《いでんし》の数《かず》は約《やく》10万《まん》個《こ》とされ、その後《ご》3万《まん》2000個《こ》だという説《せつ》が有力《ゆうりょく》でしたが、現在《げんざい》ではいろいろな説《せつ》があります。多《おお》くの研《けん》究者《きゅうしゃ》はおよそ2万《まん》～2万《まん》5000個《こ》と考《かんが》えて

いますが、正確《せいかく》な数《かず》まではわかっていません。

人間《にんげん》が本《ほん》なら、遺伝子《いでんし》は本《ほん》の内容《ないよう》

遺伝情報《いでんじょうほう》は、細胞《さいぼう》の中《なか》のDNA《ディーエヌエー》に書《か》きこまれています。本《ほん》にたとえると、DNA《ディーエヌエー》は印刷《いんさつ》された紙《かみ》、遺伝子《いでんし》は本《ほん》に書《か》きこまれた内容《ないよう》です。DNA《ディーエヌエー》の主要《しゅよう》な成分《せいぶん》である塩基《えんき》を本《ほん》の文字《もじ》とすると、文字《もじ》の組《く》み合《あ》わせによって本《ほん》の内容《ないよう》が変《か》わるように、塩基《えんき》の並《なら》び順《じゅん》のちがいが人間《にんげん》の個性《こせい》をつくります。

ひとりの人間《にんげん》のゲノムサイズ（総塩基数《そうえんきすう》）の数《かず》は32億個《おくこ》になります。複雑《ふくざつ》なしくみの生物《せいぶつ》ほど、ゲノムサイズは大《おお》きくなるのです。

くらべてみよう　生物《せいぶつ》のゲノムサイズ

キヌガサソウはヒトの約《やく》50倍《ばい》

日本《にほん》の固有種《こゆうしゅ》であるキヌガサソウは、もっとも大《おお》きなゲノムサイズをもつ生《せい》物種《ぶつしゅ》だといわれています。

イヌ
ウ〜
24億《おく》個《こ》
イヌ
24億《おく》個《こ》
ヒト
ギョッ
32億《おく》個《こ》
ヒト
32億《おく》個《こ》
ド〜ン
キヌガサソウ
1490億《おく》個《こ》
キヌガサソウ
1490億《おく》個《こ》

豆知識《まめちしき》　一卵性双生児《いちらんせいそうせいじ》はDNA《ディーエヌエー》が100%同《おな》じなので、見《み》た目《め》がそっくりになる。

大脳《だいのう》の大《おお》きさ

新聞紙《しんぶんし》1ページ分《ぶん》

大脳《だいのう》の表面積《ひょうめんせき》の大《おお》きさは新聞紙《しんぶんし》片面《かためん》と同《おな》じくらい

脳《のう》はおもに大脳《だいのう》、小脳《しょうのう》、脳幹《のうかん》に分《わ》けられます。もっとも大《おお》きい大脳《だいのう》の表面《ひょうめん》（大《だい》脳皮質《のうひしつ》）には、大小多数《だいしょうたすう》のしわがあります。

私《わたし》たちが脳《のう》のしわと呼《よ》んでいる部分《ぶぶん》は、じつは脳《のう》の溝《みぞ》と書《か》き、正《ただ》しくは脳溝《のうこう》といいます。

どのような脳溝《のうこう》ができるかということはだいたい決《き》まっていて、同《おな》じように見《み》えますが、深《ふか》さや曲《ま》がり方《かた》などには人《ひと》によって少《すこ》しちがいがあります。

たくさんある脳溝《のうこう》のおかげで、脳《のう》は頭蓋骨《ずがいこつ》の中《なか》で〝折《お》りたたまれて〟おさまっています。脳《のう》をすべて広《ひろ》げてみると、その表面積《ひょうめんせき》は約《やく》2200㎠。これは、全国《ぜんこく》紙《し》の新聞《しんぶん》1ページ分《ぶん》（横《よこ》40・65㎝×たて54・6㎝＝2219・49㎠）とほぼ同《おな》じ大《おお》きさになります。

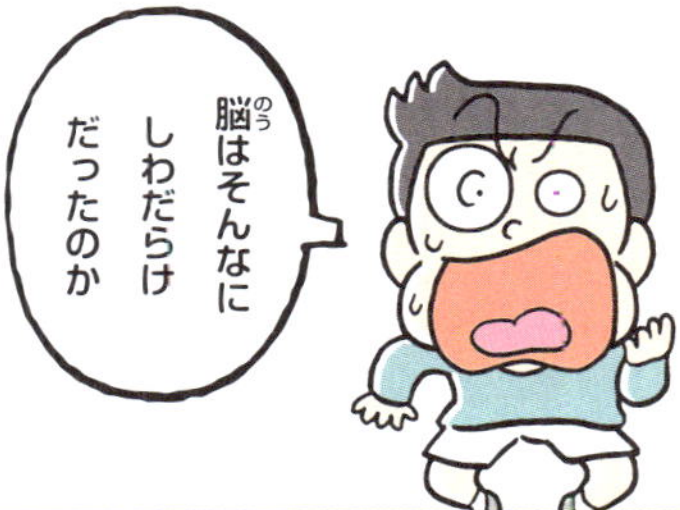
脳《のう》はそんなにしわだらけだったのか

大脳《だいのう》、小脳《しょうのう》をもっとくわしく

脳《のう》の形《かたち》としわを見《み》てみよう

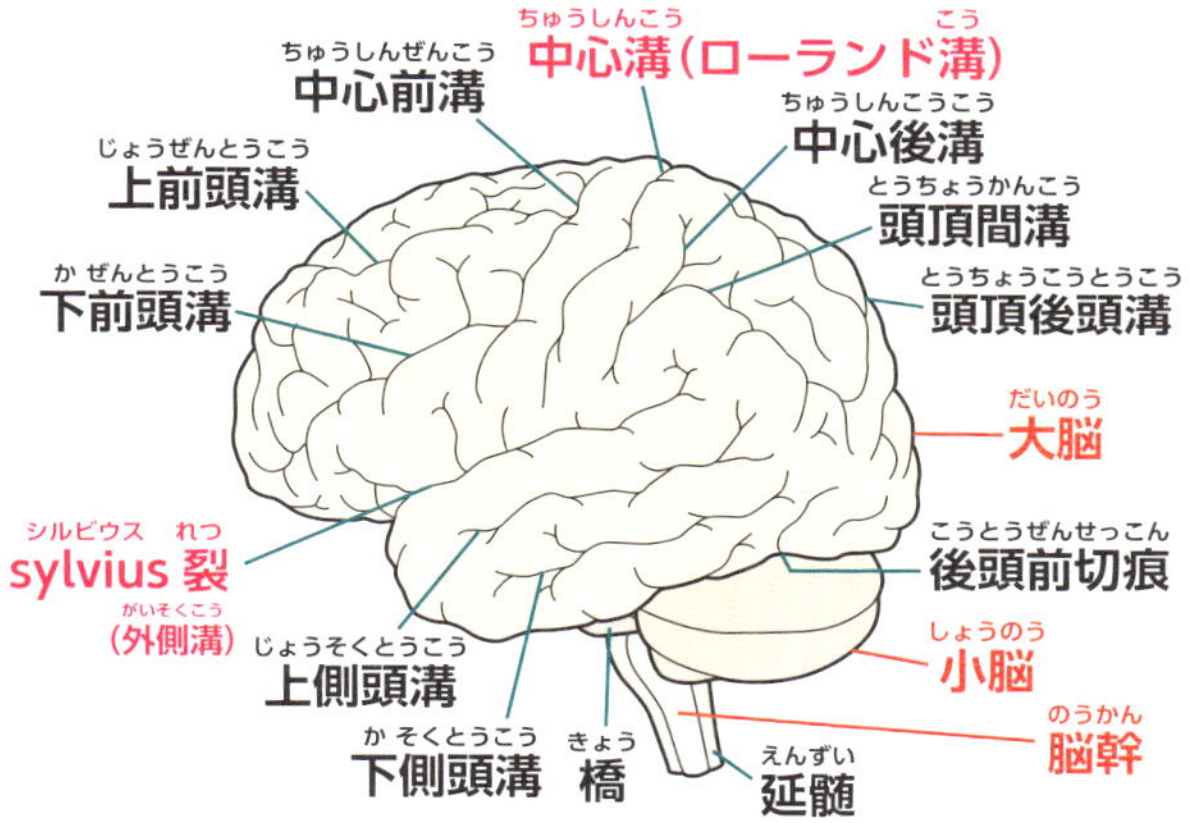
中心溝《ちゅうしんこう》（ローランド溝《こう》）
中心前溝《ちゅうしんぜんこう》
中心後溝《ちゅうしんこうこう》
上前頭溝《じょうぜんとうこう》
頭頂間溝《とうちょうかんこう》
下前頭溝《かぜんとうこう》
頭頂後頭溝《とうちょうこうとうこう》
大脳《だいのう》
sylvius《シルビウス》 裂《れつ》
（外側溝《がいそくこう》）
後頭前切痕《こうとうぜんせっこん》
上側頭溝《じょうそくとうこう》
小脳《しょうのう》
脳幹《のうかん》
下側頭溝《かそくとうこう》
橋《きょう》
延髄《えんずい》

脳《のう》では大脳《だいのう》がもっとも大《おお》きく、つぎに大《おお》きいのが小脳《しょうのう》ですが、神経細胞《しんけいさいぼう》の数《かず》は小脳《しょうのう》のほうが多《おお》く、高度《こうど》な情報処理《じょうほうしょり》が行《おこな》われていると考《かんが》えられています。

頭《あたま》のよさと脳《のう》のしわは無関係《むかんけい》

昔《むかし》から、「頭《あたま》がいい人《ひと》ほど脳《のう》のしわが多《おお》い」といわれてきました。確《たし》かに、脳《のう》のしわ（脳溝《のうこう》）は人《ひと》によって少《すこ》しちがいますが、成長《せいちょう》や学習《がくしゅう》によって決《き》まるわけではないので、頭《あたま》のよさと脳溝《のうこう》の数《かず》は無関係《むかんけい》です。

大脳《だいのう》はほんとに大《おお》きくて、小脳《しょうのう》はほんとに小《ちい》さいんだね

豆知識《まめちしき》 脳《のう》のしわの数《かず》は、人間《にんげん》よりイルカのほうがずっと多《おお》い。

腸内細菌《ちょうないさいきん》の数《かず》

約《やく》100兆個《ちょうこ》

腸内細菌《ちょうないさいきん》は星《ほし》の数《かず》の500倍《ばい》

人《にん》間《げん》の腸《ちょう》には、1㎜の1000分《ぶん》の1しかない、ごく小《ちい》さな腸内細菌《ちょうないさいきん》が100種類《しゅるい》以上《いじょう》、約《やく》100兆個《ちょうこ》いることがわかっています。これは2000億個《おくこ》以上《いじょう》といわれる銀河系《ぎんがけい》の星《ほし》の数《かず》の500倍《ばい》もの数《かず》です。

腸内細菌《ちょうないさいきん》は、ビフィズス菌《きん》や乳酸菌《にゅうさんきん》など、からだによい作用《さよう》をする善玉菌《ぜんだまきん》、ウェルシュ菌《きん》など健康《けんこう》を害《がい》する悪玉菌《あくだまきん》、ふだんは何《なに》もしないけれど、悪玉菌《あくだまきん》が優勢《ゆうせい》になると悪玉菌《あくだまきん》の味方《みかた》をして悪《わる》さをしてしまう日和見菌《ひよりみきん》のグループに分《わ》けられます。

腸内細菌《ちょうないさいきん》の多《おお》くは日和見《ひよりみ》菌《きん》なので、悪玉菌《あくだまきん》より善玉《ぜんだま》菌《きん》が多《おお》ければ腸内《ちょうない》のバランスはとれます。悪玉菌《あくだまきん》が優勢《ゆうせい》にならないように、食生活《しょくせいかつ》の乱《みだ》れ、ストレスなどには注意《ちゅうい》が必要《ひつよう》です。

腸内細菌《ちょうないさいきん》をもっとくわしく

善玉菌《ぜんだまきん》と悪玉菌《あくだまきん》、日和見菌《ひよりみきん》

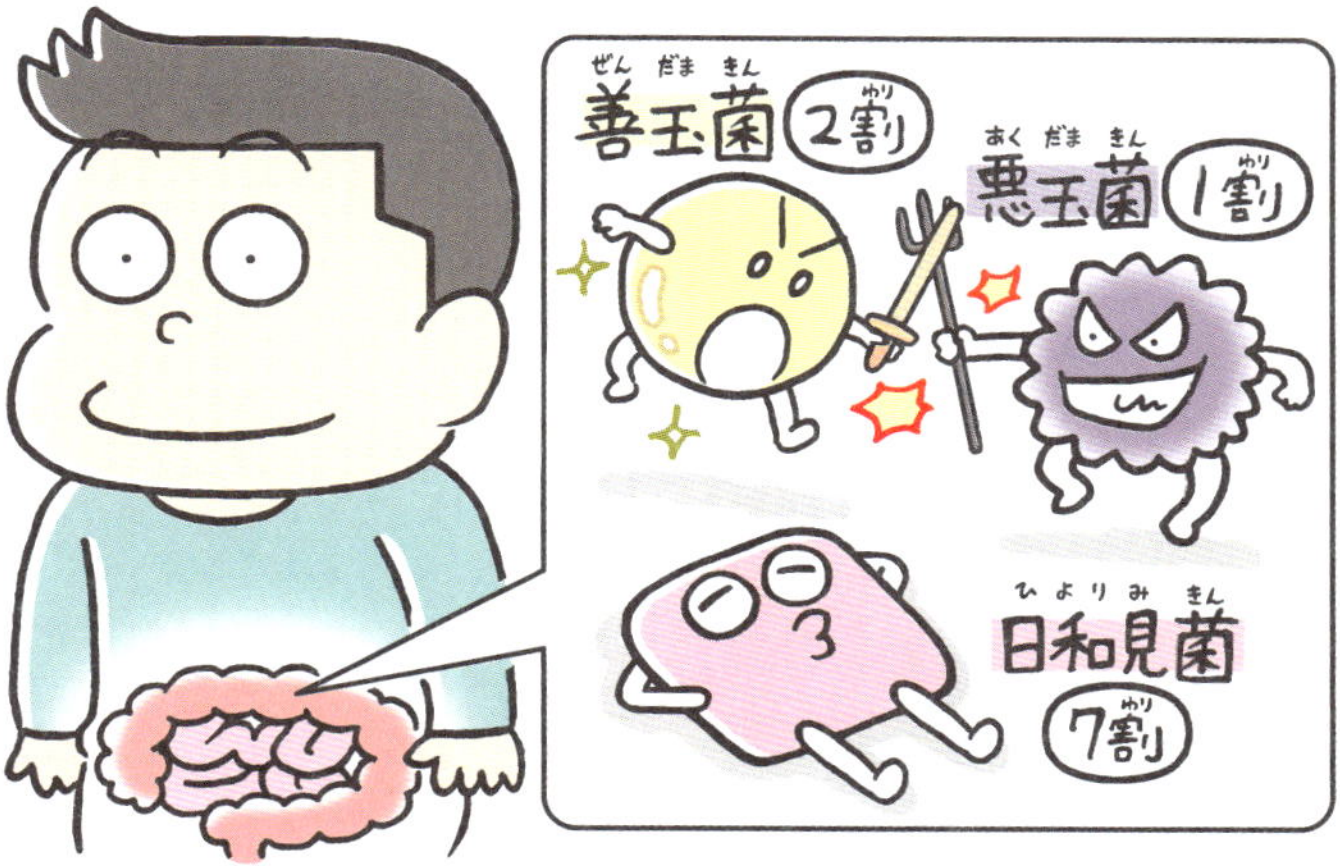

悪玉菌《あくだまきん》が善玉菌《ぜんだまきん》よりも多《おお》くなってしまうと、日和見菌《ひよりみきん》も悪《わる》さをしてさまざまな病気《びょうき》になるおそれがあります。

善玉菌《ぜんだまきん》は高齢《こうれい》になると乳児期《にゅうじき》の100分《ぶん》の1にまで減《へ》る

腸内細菌《ちょうないさいきん》のバランスは年齢《ねんれい》や生活習慣《せいかつしゅうかん》、ストレスなどによって変化《へんか》しますが、善《ぜん》玉菌《だまきん》2割《わり》、悪玉菌《あくだまきん》1割《わり》、日和見菌《ひよりみきん》7割《わり》が理想《りそう》の状態《じょうたい》だといわれています。

善玉菌《ぜんだまきん》のうち99・9%はビフィズス菌《きん》です。しかし、ビフィズス菌《きん》の数《かず》は高齢《こうれい》になると乳児期《にゅうじき》の100分《ぶん》の1にまで減《げん》少《しょう》してしまいます。そして、悪玉菌《あくだまきん》が増《ぞう》加《か》してしまうのです。

そのため、ビフィズス菌《きん》をふくむヨーグルトを毎日《まいにち》とるなど、腸内《ちょうない》のビフィズス菌《きん》を活性化《かっせいか》することが重要《じゅうよう》です。

豆知識《まめちしき》 新生児《しんせいじ》は生後《せいご》3～4日《か》ごろにビフィズス菌《きん》が出現《しゅつげん》する。

小脳《しょうのう》の
神経細胞《しんけいさいぼう》の数《かず》

1000億《おく》個《こ》以上《いじょう》

小脳《しょうのう》の神経細胞《しんけいさいぼう》は大脳《だいのう》の7倍《ばい》

脳《のう》の中《なか》でもっとも大《おお》きい大脳《だいのう》にくらべると、小脳《しょうのう》は約《やく》130gと大脳《だいのう》の10分《ぶん》の1ほどの大《おお》きさですが、神経細胞《しんけいさいぼう》の数《かず》は1000億《おく》個《こ》以上《いじょう》で、大脳《だいのう》（約《やく》140億《おく》個《こ》）の約《やく》7倍《ばい》以上《いじょう》にも達《たっ》します。この数《かず》は、生《う》まれたときにほぼ決《き》まっています。

小脳《しょうのう》はからだの動《うご》きをつかさどっています。平衡感覚《へいこうかんかく》（姿勢《しせい》や動作《どうさ》のバランス）を保《たも》つ、筋肉《きんにく》が緊張《きんちょう》していないかをチェックする、筋《きん》肉《にく》の運動《うんどう》の指令塔《しれいとう》、といったたくさんの役割《やくわり》を受《う》けもっているのです。

歩《ある》くことはなにげない行《こう》動《どう》ですが、両足《りょうあし》をかわるがわる前《まえ》に動《うご》かすのは、複雑《ふくざつ》な動作《どうさ》です。自転車《じてんしゃ》をこぐ、指先《ゆびさき》の細《こま》かい作《さ》業《ぎょう》など、「からだで覚《おぼ》える」ことをコントロールするのは小脳《しょうのう》だといわれています。

!? 小脳《しょうのう》のウソ・ホント

小脳《しょうのう》に問題《もんだい》があるとまっすぐ歩《ある》けない？

小脳《しょうのう》に問題《もんだい》があると、まっすぐ歩《ある》けない、えんぴつなどをうまく使《つか》えない、ろれつが回《まわ》らないなどの症状《しょうじょう》が出《で》るといわれている。

小脳《しょうのう》のない人《ひと》でも症状《しょうじょう》が軽《かる》い人《ひと》がいる

小脳《しょうのう》に問題《もんだい》があると、まっすぐ歩《ある》けないなどの症状《しょうじょう》が出《で》ます。

かつては小脳《しょうのう》がない状態《じょうたい》で生《う》まれた場合《ばあい》、寿命《じゅみょう》が短《みじか》い人《ひと》が多《おお》く、どのような症状《しょうじょう》が出《で》るのか、よくわかっていませんでした。

ところが2014年《ねん》、小脳《しょうのう》がない24歳《さい》の女性《じょせい》が中国《ちゅうごく》で発見《はっけん》されました。

女性《じょせい》は医師《いし》もおどろくほど症状《しょうじょう》が軽《かる》く、脳《のう》の別《べつ》の部分《ぶぶん》が小脳《しょうのう》の役割《やくわり》を果《は》たしているとみられ、脳機能《のうきのう》の分析《ぶんせき》がすすめられています。

豆知識《まめちしき》 脳《のう》の神経細胞《しんけいさいぼう》の数《かず》は、出生《しゅっせい》するときにほぼ決定《けってい》する。

口《くち》の中《なか》は菌《きん》だらけ!? おしりよりも細菌《さいきん》の数《かず》が多《おお》い

口《くち》の中《なか》には数百種類《すうひゃくしゅるい》もの細菌《さいきん》がいて、おしりよりその数《かず》が多《おお》いとされています。ただし、健康《けんこう》な人《ひと》の場合《ばあい》、ほとんどの菌《きん》は悪《わる》さをせず、だ液《えき》が汚《よご》れや細菌《さいきん》を洗《あら》い流《なが》します。

目《め》、鼻《はな》、口《くち》、腸管《ちょうかん》などの粘膜《ねんまく》があるところでは、からだが細菌《さいきん》や花粉《かふん》、ウイルスなどを、「自分《じぶん》とちがうもの」ととらえて、攻撃《こうげき》します。そうすることによってからだを守《まも》ろうとする「免疫《めんえき》」という作用《さよう》が働《はたら》いているのです。

口《くち》の中《なか》はそんなにきたなかったの!!

口《くち》の中《なか》の免疫作用《めんえきさよう》には歯《は》みがきが重要《じゅうよう》

でも、食事《しょくじ》をすると食《た》べかすが残《のこ》りますし、寝《ね》ているときはだ液《えき》があまり出《で》ません。口《くち》の中《なか》の免疫《めんえき》システムを正《ただ》しく働《はたら》かせるためには、日《ひ》ごろから、歯《は》みがきやうがいといったケアをきちんと行《おこ》なうことが必要《ひつよう》です。

ちゃんと歯《は》みがきをするのじゃよ

パート

3

人体《じんたい》の動《うご》き

ボクももう からだにくわしく なれたかな!?
それはこの 人体《じんたい》の動《うご》きを 知《し》ってからじゃ！

からだには動《うご》いているものがたくさん!?

家《いえ》に帰《かえ》ってきたびっくり太郎《たろう》くんはおかあさんと買《か》い出《だ》しに。おかあさんは買《か》うものを忘《わす》れてしまったが……。

心配《しんぱい》ない
だいじょ〜ぶ！
この声《こえ》は…
からだ博士《はかせ》、参上《さんじょう》！
ぱかーん
でたっ！
ピーん！
不審者発見《ふしんしゃはっけん》！
箱《はこ》にかくれて何《なに》してた〜!!
ちがうちがうちがう！
ボコ
ボコ
またやられてる……
大丈夫《だいじょうぶ》？
ヨロ
ヨロ…
だ、大脳《だいのう》の神経細胞《しんけいさいぼう》はの……
その数《かず》なんと140億個《おくこ》もあるんじゃ。脳全体《のうぜんたい》では千数百億個《せんすうひゃくおくこ》といわれていて、たとえ毎日《まいにち》10万個《まんこ》死《し》んだとしても実質《じっしつ》なんの問題《もんだい》もないんじゃな！
神経細胞《しんけいさいぼう》（ニューロン）
へぇ〜！そんなにあったのね！
とはいっても、やっぱり思《おも》い出《だ》せないものは思《おも》い出《だ》せないわね……
何買《なにか》おうとしたんだっけ？
う〜ん…
おそらくじゃが……
今晩《こんばん》ワシと一緒《いっしょ》に食《た》べる予定《よてい》のこの和牛《わぎゅう》を忘《わす》れてるんじゃ……
無《む》視
あ——思《おも》い出《だ》した
行《い》くわよ、太郎《たろう》！
スタスタスタ
高級
……

胃《い》の最大《さいだい》の大《おお》きさ

約《やく》50倍《ばい》

胃《い》は食《た》べ物《もの》が入《はい》るとふくらんで大《おお》きくなる

胃《い》は、食《た》べ物《もの》を胃液《いえき》でとかしながら、一《いち》時的《じてき》にたくわえておく場所《ばしょ》です。たくわえられた食《た》べ物《もの》を一気《いっき》にではなく少《すこ》しずつ小腸《しょうちょう》へと送《おく》れるように、ふくろのような形《かたち》をしているので、「胃《い》ぶくろ」ともいわれます。

何《なに》も入《はい》っていないときの胃《い》の大《おお》きさは50mLぐらいですが、胃《い》に食《た》べ物《もの》が入《はい》ってくると、1・2〜1・4Lほどにふくらみます。

つまり、食《た》べ物《もの》があるかないかで胃《い》はのびちぢみするのです。

おなかがいっぱいのとき、胃《い》の壁《かべ》はうすく引《ひ》きのばされ、最大《さいだい》では約《やく》2〜2・5Lにまでふくらみます。

これは胃《い》がからっぽのときとくらべて約《やく》50倍《ばい》もの大《おお》きさです。飲《の》み物《もの》にたとえると、2Lと500mLのペットボトルが入《はい》る計算《けいさん》になります。

!? 牛《うし》の胃《い》のウソ・ホント

牛《うし》の胃《い》は人間《にんげん》の150倍《ばい》もある？

最大《さいだい》で2～2.5Lほどもあるといわれている人間《にんげん》の胃《い》ですが、乳牛《にゅうぎゅう》のもっとも大《おお》きい胃《い》はその150倍《ばい》、300Lほどもあるといわれています。

牛《うし》の1番目《ばんめ》の胃《い》はものすごく大《おお》きい

牛《うし》は胃《い》が4つもあります。1～2番目《ばんめ》の胃《い》で、食《た》べた草《くさ》を胃《い》から口《くち》の中《なか》にもどして、またかんで消化《しょうか》する「反芻《はんすう》」を行《おこ》ないます。

1番目《ばんめ》の胃《い》は食道《しょくどう》が進化《しんか》したもので、微生物《びせいぶつ》がたくさんいます。そして、植物《しょくぶつ》の繊維《せんい》を分解《ぶんかい》して酢《す》のなかまにしてから吸収《きゅうしゅう》するのです。人間《にんげん》と同《おな》じように消化《しょうか》液《えき》を出《だ》すのは4番目《ばんめ》の胃《い》だけです。

また、1番目《ばんめ》の胃《い》はとても大《おお》きく、肉《にく》牛《ぎゅう》で200L、乳牛《にゅうぎゅう》で300Lほどあるともいわれています。

豆知識《まめちしき》 食事《しょくじ》をはじめてから、脳《のう》が満腹《まんぷく》と認識《にんしき》するには20分《ぷん》くらいかかる。

1日《にち》に死《し》ぬ
神経細胞《しんけいさいぼう》の数《かず》

10万個《まんこ》

大脳《だいのう》の神経細胞《しんけいさいぼう》は毎日《まいにち》、一定数《いっていすう》死《し》んでももとにもどらない

大《だい》脳《のう》には140億個《おくこ》もの神経細胞《しんけいさいぼう》があると62ページで説明《せつめい》しましたが、この数《かず》は生《う》まれたときに、すでに決《き》まっています。

しかし、20歳《さい》ぐらいから、神経細胞《しんけいさいぼう》は1日《にち》に平均《へいきん》で約《やく》10万個《まんこ》ずつ減《へ》っていきます。とても大《おお》きな数《かず》のようですが、生《い》きていくうえで自然《しぜん》にこれぐらい減《へ》っていっても、あまり心《しん》配《ぱい》する必要《ひつよう》がないといわれています。それは、神経細胞《しんけいさいぼう》には細胞体《さいぼうたい》と2種類《しゅるい》の突起《とっき》があり、神経細胞《しんけいさいぼう》は新《あたら》しく突起《とっき》を伸《の》ばすことによってネットワークをつくることができるからです。

とはいえ、20歳《さい》から毎日《まいにち》10万個《まんこ》ずつ神経細胞《しんけいさいぼう》が死《し》んでいくとすると、70歳《さい》のときには、18億《おく》2500万個《まんこ》も減《へ》っていて、およそ13%もの神経《しんけい》細胞《さいぼう》が失《うしな》われることになるのです。

くらべてみよう　年齢《ねんれい》と神経細胞《しんけいさいぼう》の数《かず》

100歳《さい》で神経細胞《しんけいさいぼう》が30億《おく》個《こ》も死《し》ぬ！？

10歳《さい》　死滅《しめつ》なし

39歳《さい》　約《やく》7億《おく》個《こ》死滅《しめつ》

88歳《さい》　約《やく》25億《おく》個《こ》死滅《しめつ》

1年《ねん》で3650万《まん》個《こ》死《し》んでしまう

大脳《だいのう》の神経細胞《しんけいさいぼう》が1日《にち》に10万《まん》個《こ》死《し》ぬというのは、いくら心配《しんぱい》する必要《ひつよう》がないとはいっても、年《とし》をとればとるほどそれだけたくさん死《し》んでしまいます。

20歳《さい》から計算《けいさん》すると、21歳《さい》までの1年《ねん》間《かん》で3650万《まん》個《こ》も死《し》んでしまいます。50歳《さい》までに10億《おく》9500万《まん》個《こ》、100歳《さい》では29億《おく》2000万《まん》個《こ》も失《うしな》われることになります。

生《い》きていくのにあまり問題《もんだい》はないとはいえ、100歳《さい》で約《やく》30億《おく》個《こ》もなくなってしまうのです。

豆知識《まめちしき》　お酒《さけ》を飲《の》みすぎると、神経細胞《しんけいさいぼう》の減少《げんしょう》をうながしてしまう。

一生《いっしょう》の鼓動《こどう》

30億《おく》回《かい》

心臓《しんぞう》は死《し》ぬまで休《やす》まずに鼓動《こどう》し続《つづ》ける

心《しん》臓《ぞう》には、栄養分《えいようぶん》をふくんだ血液《けつえき》を全身《ぜんしん》に送《おく》りだす役割《やくわり》があります。心臓《しんぞう》のほとんどは心筋《しんきん》という筋肉《きんにく》でできていて、この筋肉《きんにく》によって、ポンプのように伸《の》びたりちぢんだりする鼓動《こどう》（拍動《はくどう》）という動《うご》きを、休《やす》むことなく規則的《きそくてき》にくり返《かえ》しています。重《おも》さは卵《たまご》6個分《こぶん》の300gほどです。

血液《けつえき》は心臓《しんぞう》の右心房《うしんぼう》からめぐりはじめ、肺《はい》に送《おく》りだされて酸素《さんそ》を受《う》け取《と》り、酸素《さんそ》をかかえた血液《けつえき》は左側《ひだりがわ》の左心房《さしんぼう》にもどり、動脈《どうみゃく》に送《おく》りだされて全身《ぜんしん》をめぐっています。

安静《あんせい》にしていると、心臓《しんぞう》は1分間《ぷんかん》に70回《かい》ほど鼓動《こどう》していて、1時間《じかん》では4200回《かい》、1日《にち》では10万《まん》800回《かい》も鼓動《こどう》しています。80年《ねん》生《い》きたころには29億《おく》4336万回《まんかい》と、約《やく》30億回《おくかい》も鼓動《こどう》しているのです。

くらべてみよう　動物《どうぶつ》の鼓動《こどう》の回数《かいすう》

一生《いっしょう》の鼓動《こどう》の回数《かいすう》は多《おお》くの動物《どうぶつ》がほぼ同《おな》じ

寿命《じゅみょう》 2～3年《ねん》

ハツカネズミ

約《やく》600回《かい》／分《ぶん》

寿命《じゅみょう》 5～10年《ねん》

ウサギ

約《やく》200回《かい》／分《ぶん》

寿命《じゅみょう》 60～80年《ねん》

ゾウ

約《やく》30回《かい》／分《ぶん》

からだの大《おお》きさが寿命《じゅみょう》と関係《かんけい》している⁉

どの動物《どうぶつ》も、息《いき》を吸《す》ってはくという呼《こ》吸《きゅう》1回《かい》につき、心臓《しんぞう》が4回《かい》鼓動《こどう》します。

ネズミやゾウなど多《おお》くの動物《どうぶつ》の場合《ばあい》、「呼吸《こきゅう》」する時間《じかん》で「寿命《じゅみょう》」の時間《じかん》を割《わ》ると、一生《いっしょう》のあいだに心臓《しんぞう》は約《やく》20～25億《おく》回《かい》鼓動《こどう》することになります。

これは、からだの大《おお》きさと関係《かんけい》していると考《かんが》えられ、からだの大《おお》きなゾウは1分間《ぶんかん》あたりに約《やく》30回《かい》と、鼓動《こどう》はゆっくりで寿命《じゅみょう》も長《なが》いです。からだの小《ちい》さなハツカネズミは1分間《ぶんかん》あたりに約《やく》600回《かい》と、早《はや》い鼓動《こどう》で寿命《じゅみょう》も短《みじか》いです。

豆知識《まめちしき》　はげしい運動《うんどう》をしすぎる人《ひと》は寿命《じゅみょう》が短《みじか》いという説《せつ》もある。

心臓《しんぞう》が1日《にち》に
送《おく》る血液《けつえき》

8t

心臓《しんぞう》は毎日《まいにち》、ゾウの体重《たいじゅう》より重《おも》い血液《けつえき》を送《おく》っている

胸《むね》に手《て》を当《あ》てればわかるように、血液《けつえき》を全身《ぜんしん》に送《おく》りだす心臓《しんぞう》は、ドクドクと鼓動《こどう》（拍動《はくどう》）しています。

年齢《ねんれい》など人《ひと》によってちがいはありますが、安静《あんせい》にしているとき、心臓《しんぞう》は1分間《ぶんかん》に70回拍動《かいはくどう》し、いちどの拍動《はくどう》で約《やく》80mLの血液《けつえき》を送《おく》りだしています。心臓《しんぞう》は、1分間《ぶんかん》に5600mL（5・6L）の血液《けつえき》を全身《ぜんしん》にいきわたらせているのです。

また、心臓《しんぞう》が全身《ぜんしん》に送《おく》りだす血液量《けつえきりょう》はとても多《おお》く、1時間《じかん》に336L、1日《にち》では8064Lもの量《りょう》に達《たっ》します。

アフリカゾウの重《おも》さがおよそ8t（8000kg）なので、心臓《しんぞう》は毎日《まいにち》、アフリカゾウの体重《たいじゅう》よりも多《おお》い血液量《けつえきりょう》をからだにめぐらせているというわけです。

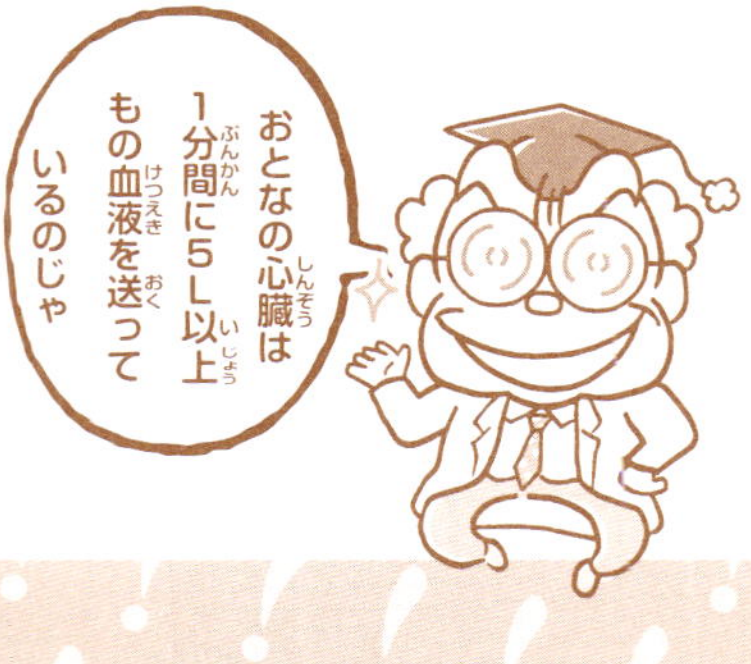

くらべてみよう　時間《じかん》と血液量《けつえきりょう》

1日《にち》で500mLペットボトル1万《まん》6000本分《ぼんぶん》以上《いじょう》

1時間《じかん》
約《やく》672本分《ほんぶん》

1日《にち》
約《やく》1万《まん》6128本分《ぼんぶん》

1年間《ねんかん》
約《やく》588万本分《まんぼんぶん》

1年間《ねんかん》でペットボトル588万本分《まんぼんぶん》も送《おく》りだす

私《わたし》たちの心臓《しんぞう》からは、1分間《ぷんかん》に全身《ぜんしん》の血液量《けつえきりょう》と同《おな》じくらいの血液《けつえき》が送《おく》りだされています。

おとなの男性《だんせい》の心臓《しんぞう》から全身《ぜんしん》に送《おく》りだされる血液量《けつえきりょう》を500mLのペットボトルにおきかえると、1分間《ぷんかん》では約《やく》11本分《ぽんぶん》、1時間《じかん》だと約《やく》672本《ほん》です。そして1日《にち》では約《やく》1万《まん》6128本分《ぼんぶん》の血液《けつえき》が送《おく》りだされているのです。

さらに、1年間《ねんかん》に心臓《しんぞう》が送《おく》りだす血液量《けつえき》は、500mLのペットボトル約《やく》588万本《まんぼん》と、大変《たいへん》な量《りょう》になります。

豆知識《まめちしき》　運動中《うんどうちゅう》、心臓《しんぞう》から1分間《ぷんかん》に40Lの量《りょう》の血液《けつえき》を送《おく》る人《ひと》もいる。

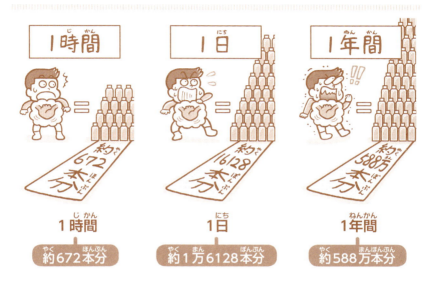

血液《けつえき》が全身《ぜんしん》をめぐる時間《じかん》

50秒《びょう》

血液《けつえき》は1分《ぷん》もかからずにからだの全身《ぜんしん》をめぐる

人《にん》間《げん》には、心臓《しんぞう》から送《おく》りだされた血液《けつえき》を通《とお》す動脈《どうみゃく》と、からだのすみずみから心《しん》臓《ぞう》へもどろうとする血液《けつえき》を通《とお》す静脈《じょうみゃく》という、2種類《しゅるい》の血管《けっかん》があります。

血液《けつえき》が流《なが》れる速《はや》さは、からだのすみずみにいくほど流《なが》れがおそくなります。

血液《けつえき》の流《なが》れるスピードは、心臓《しんぞう》の近《ちか》くの大《だい》動脈《どうみゃく》だと秒速《びょうそく》50㎝（1秒間《びょうかん》に50㎝）。一瞬《いっしゅん》で通《とお》りぬけていきます。大動脈《だいどうみゃく》が枝分《えだわ》かれした細動脈《さいどうみゃく》では秒速《びょうそく》30㎝、毛細《もうさい》血管《けっかん》では秒速《びょうそく》0・5～1㎜とゆっくりです。

また、静脈《じょうみゃく》を流《なが》れる血液《けつえき》のスピードは動脈《どうみゃく》よりもおそく、細静脈《さいじょうみゃく》で秒速《びょうそく》7～8㎝、大静脈《だいじょうみゃく》で秒速《びょうそく》40㎝です。

血液《けつえき》は、400m走者《そうしゃ》がゴールできるおよそ50秒《びょう》ほどで、からだの全身《ぜんしん》をめぐります。

動脈《どうみゃく》と静脈《じょうみゃく》をもっとくわしく

動脈《どうみゃく》は栄養《えいよう》を、静脈《じょうみゃく》は老廃物《ろうはいぶつ》を運《はこ》ぶ

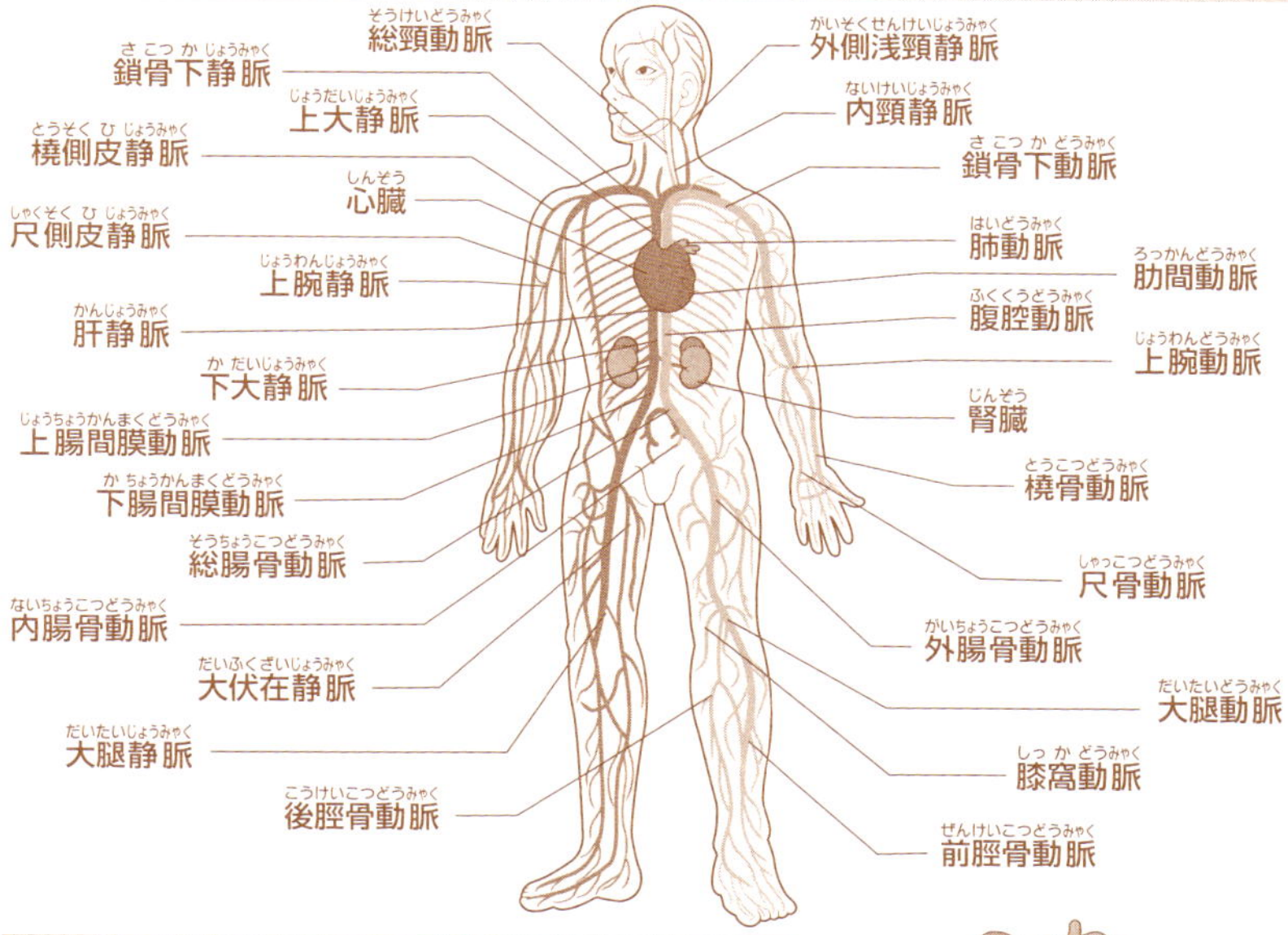
総頸動脈《そうけいどうみゃく》
鎖骨下静脈《さこつかじょうみゃく》
上大静脈《じょうだいじょうみゃく》
橈側皮静脈《とうそくひじょうみゃく》
心臓《しんぞう》
尺側皮静脈《しゃくそくひじょうみゃく》
上腕静脈《じょうわんじょうみゃく》
肝静脈《かんじょうみゃく》
下大静脈《かだいじょうみゃく》
上腸間膜動脈《じょうちょうかんまくどうみゃく》
下腸間膜動脈《かちょうかんまくどうみゃく》
総腸骨動脈《そうちょうこつどうみゃく》
内腸骨動脈《ないちょうこつどうみゃく》
大伏在静脈《だいふくざいじょうみゃく》
大腿静脈《だいたいじょうみゃく》
後脛骨動脈《こうけいこつどうみゃく》
外側浅頸静脈《がいそくせんけいじょうみゃく》
内頸静脈《ないけいじょうみゃく》
鎖骨下動脈《さこつかどうみゃく》
肺動脈《はいどうみゃく》
肋間動脈《ろっかんどうみゃく》
腹腔動脈《ふくくうどうみゃく》
上腕動脈《じょうわんどうみゃく》
腎臓《じんぞう》
橈骨動脈《とうこつどうみゃく》
尺骨動脈《しゃっこつどうみゃく》
外腸骨動脈《がいちょうこつどうみゃく》
大腿動脈《だいたいどうみゃく》
膝窩動脈《しっかどうみゃく》
前脛骨動脈《ぜんけいこつどうみゃく》

動脈《どうみゃく》と静脈《じょうみゃく》はちがうものを運《はこ》ぶ

動脈《どうみゃく》は、心臓《しんぞう》から送《おく》りだされた血液《けつえき》が、栄養《えいよう》と酸素《さんそ》をからだのすみずみにまで運《はこ》び、毛細血管《もうさいけっかん》で二酸化炭素《にさんかたんそ》と体内《たいない》のいらない老廃物《ろうはいぶつ》と交換《こうかん》します。

静脈《じょうみゃく》は、二酸化炭素《にさんかたんそ》と老廃物《ろうはいぶつ》を血液《けつえき》にのせて心臓《しんぞう》にもどす役割《やくわり》があるのです。

動脈《どうみゃく》
栄養《えいよう》や酸素《さんそ》を届《とど》ける
静脈《じょうみゃく》
老廃物《ろうはいぶつ》をのせて血液《けつえき》を心臓《しんぞう》へもどす

豆知識《まめちしき》 静脈《じょうみゃく》の血液《けつえき》は酸素《さんそ》が使《つか》われたあとなので、暗《くら》い赤《あか》むらさき色《いろ》になる。

一生《いっしょう》に
吸《す》う空気《くうき》の量《りょう》

4億《おく》L

肺《はい》は一生《いっしょう》で東京《とうきょう》ドーム3分《ぶん》の1ほどの空気《くうき》を吸《す》う

おとなは1回《かい》の呼吸《こきゅう》で平均《へいきん》500mLの空《くう》気《き》を吸《す》っています。息《いき》を吸《す》うことによって肺《はい》に酸素《さんそ》を取《と》りこんで、血液中《けつえきちゅう》の赤血球《せっけっきゅう》という成分《せいぶん》の中《なか》にあるヘモグロビンが、全身《ぜんしん》の細胞《さいぼう》へ送《おく》り届《とど》けるのです。

胸《むね》をふくらませて大《おお》きく息《いき》を吸《す》いこむときの呼吸量《こきゅうりょう》は、最大《さいだい》で4000mLにもなります。

安静《あんせい》にしているときの呼吸《こきゅう》の回数《かいすう》は、1分《ぷん》間《かん》で15〜20回《かい》ほどです。1分間《ぶんかん》の呼吸《こきゅう》を18回《かい》とすると、1日《にち》では2万《まん》5920回《かい》となります。

1日《にち》の呼吸回数《こきゅうかいすう》を約《やく》2万《まん》6000回《かい》とすると、1年《ねん》間《かん》の呼吸量《こきゅうりょう》は474万《まん》5000L、一生《いっしょう》が80年《ねん》なら3億《おく》8000万《まん》L。肺《はい》は一生《いっしょう》で約《やく》4億《おく》L、東京《とうきょう》ドーム（約《やく》12億《おく》4000万《まん》L）の約《やく》3分《ぶん》の1の空気《くうき》を吸《す》っているのです。

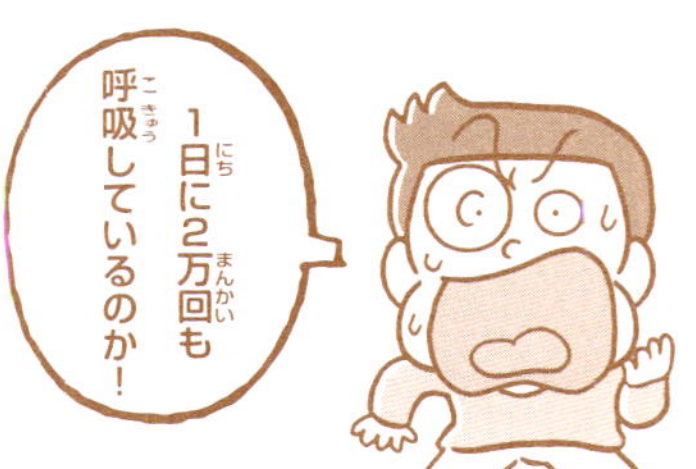

肺《はい》をもっとくわしく

心臓《しんぞう》のある左側《ひだりがわ》の肺《はい》は右側《みぎがわ》の肺《はい》より小《ち》さい

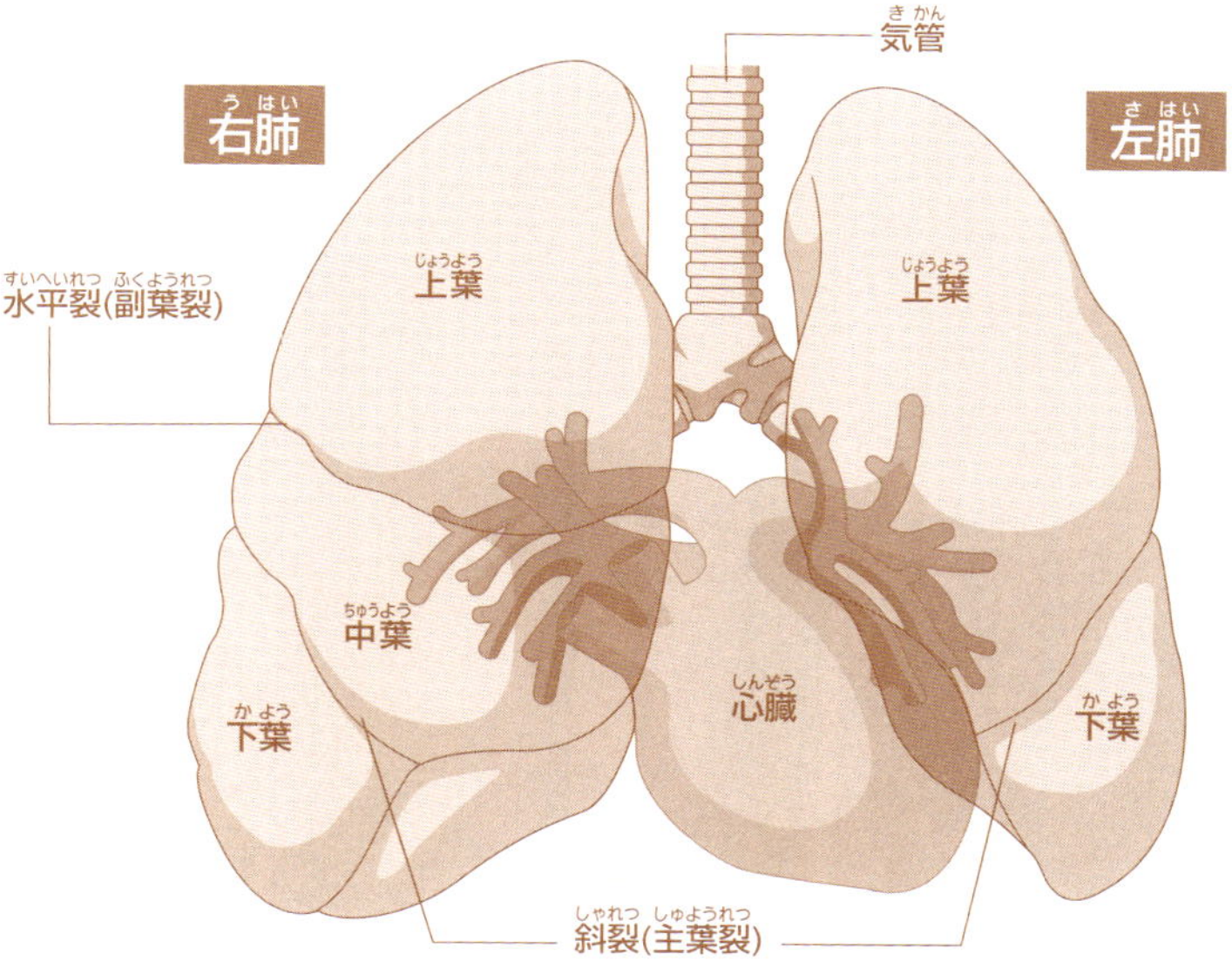

左《ひだり》の肺《はい》は70～80gほど軽《かる》い

心臓《しんぞう》がからだの左《ひだり》よりにあるため、左《ひだり》側《がわ》の肺《はい》のほうが小《ち》さくなっています。

おとなの男性《だんせい》の右肺《うはい》は570g、左肺《さはい》は490g、おとなの女性《じょせい》の右肺《うはい》は500g、左肺《さはい》は430gと、右肺《うはい》が70～80gほど重《おも》くなっています。

豆知識《まめちしき》 肺《はい》には筋肉《きんにく》がなく、肋間筋《ろっかんきん》という筋肉《きんにく》と肺《はい》の下《した》の横隔膜《おうかくまく》で動《うご》く。

脳《のう》が情報《じょうほう》を伝《つた》える速《はや》さ

秒速《びょうそく》１２０ｍ

脳《のう》は新幹線《しんかんせん》よりも速《はや》く情報《じょうほう》を伝《つた》える

脳《のう》の神経細胞《しんけいさいぼう》は、細胞体《さいぼうたい》と、いくつもの神経突起《しんけいとっき》（木《き》の枝《えだ》のようなでっぱり）、ひときわ長《なが》い棒《ぼう》のような突起《とっき》で成《な》り立《た》っています。

神経細胞《しんけいさいぼう》は、情報《じょうほう》を受《う》け取《と》ると、ほかの細《さい》胞《ぼう》の神経突起《しんけいとっき》や細胞体《さいぼうたい》とつながって、情報《じょうほう》を伝《つた》えています。このつながった部分《ぶぶん》をシナプスといいます。

シナプスでは、電気信号《でんきしんごう》を化学物質《かがくぶっしつ》の信号《しんごう》に変《か》えて、ほかの神経細胞《しんけいさいぼう》に情報《じょうほう》を伝《つた》わりやすくしています。

情報《じょうほう》をもっとも速《はや》く伝《つた》えるのは脳《のう》の運動神経《うんどうしんけい》で、秒《びょう》速《そく》１２０ｍ、時速《じそく》では４３２㎞です。東京駅《とうきょうえき》から新神戸駅《しんこうべえき》までの直線距《ちょくせんきょ》離《り》が４３０㎞なので、この距離《きょり》を１時間《じかん》で進《すす》む計算《けいさん》になります。

くらべてみよう　脳《のう》の情報伝達速度《じょうほうでんたつそくど》

チーターより、新幹線《しんかんせん》よりも速《はや》い情報《じょうほう》の伝達《でんたつ》

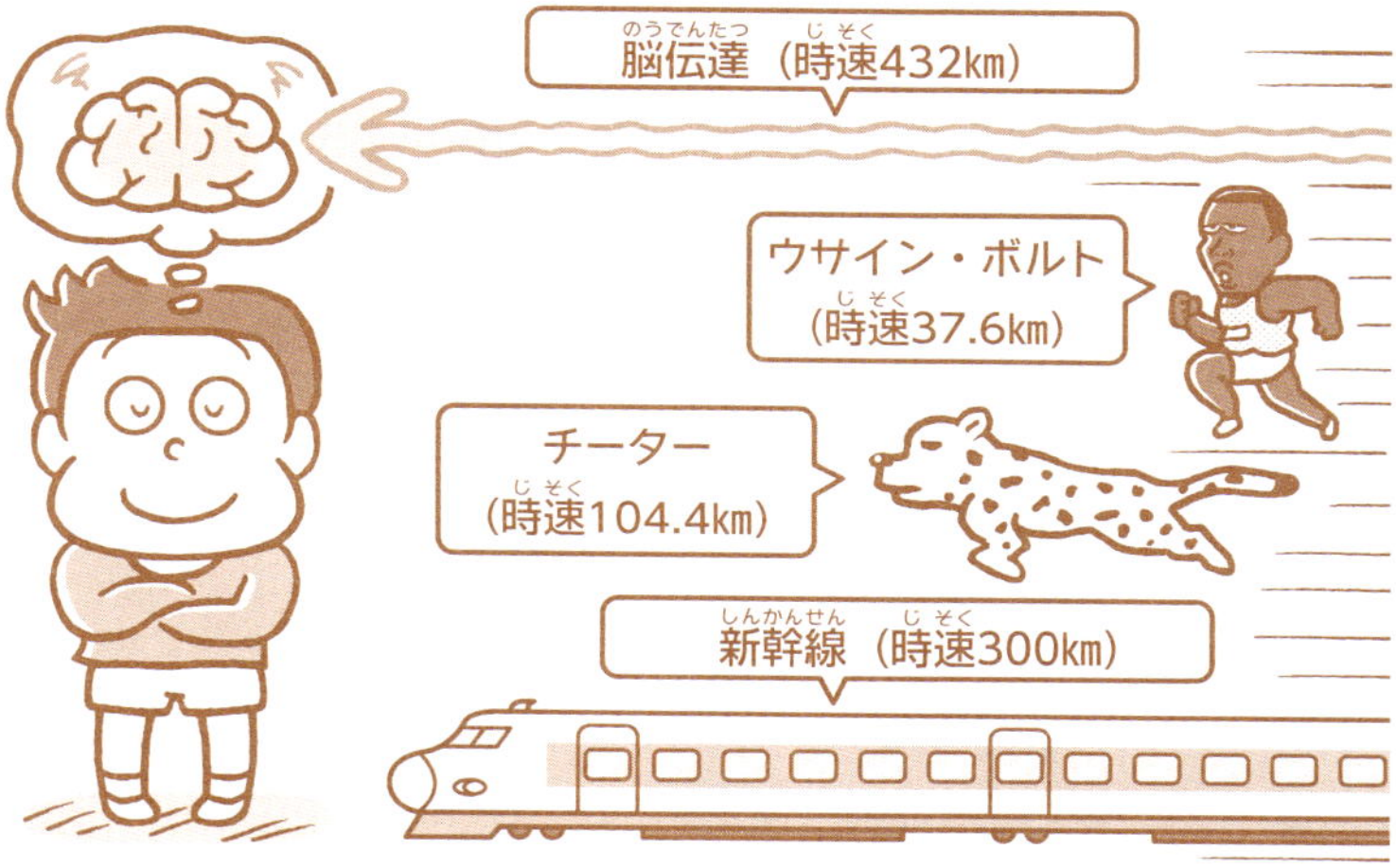

脳《のう》の情報《じょうほう》を伝達《でんたつ》するスピード（時速《じそく》432km）は、ボルトさんよりも、チーターよりも、新幹線《しんかんせん》よりもはるかに速《はや》い。

こんなに速《はや》い脳内《のうない》の処理《しょり》スピード

秒速《びょうそく》120m、時速《じそく》432kmの速《はや》さを、ほかのものとくらべてみましょう。

おそい歩《あゆ》みで知《し》られるカタツムリは、時速《じそく》0・008kmなので脳《のう》の情報伝達《じょうほうでんたつ》はこの約《やく》5万《まん》4000倍《ばい》、ナマケモノの時《じ》速《そく》0・8kmの約《やく》540倍《ばい》です。

また、ブタの時速《じそく》17kmの約《やく》25倍《ばい》、ウサイン・ボルトさんの世界記録《せかいきろく》（100m 9秒《びょう》58）の時速《じそく》37・6kmの約《やく》11倍《ばい》、チーターの時速《じそく》104・4kmの約《やく》4倍《ばい》。中国《ちゅうごく》の上海《シャンハイ》リニアモーターカーの時速《じそく》430kmとほぼ同《おな》じです。

豆知識《まめちしき》　脳《のう》の情報伝達《じょうほうでんたつ》のスピードは39歳《さい》がピークという説《せつ》がある。

くしゃみの速《はや》さ

時速《じそく》300km

くしゃみのスピードは新幹線《しんかんせん》なみ

くしゃみは、吸《す》いこんだ空気《くうき》の中《なか》のゴミやウイルスによって鼻《はな》の粘膜《ねんまく》が刺激《しげき》されると起《お》こります。そのさい、ほこりやウイルス、花粉《かふん》といったものを2～3mほどふき飛《と》ばします。

このときにはき出《だ》される空気《くうき》の勢《いきお》いは、時速《じそく》300km（秒速《びょうそく》80m）にも達《たっ》します。これは新幹線《しんかんせん》なみのスピードなので、手《て》やマスクでおおわず、顔《かお》をそむけずに目《め》の前《まえ》でくしゃみをされたら、よけることができません。

ちなみに、くしゃみは1回《かい》で100mを走《はし》るのと同《おな》じくらいのエネルギーを使《つか》います。一度《いちど》のくしゃみにはこれだけのエネルギーがあるので、くしゃみをしたときの衝撃《しょうげき》でぎっくり腰《こし》になったり、骨折《こっせつ》したりする危険《きけん》もあります。

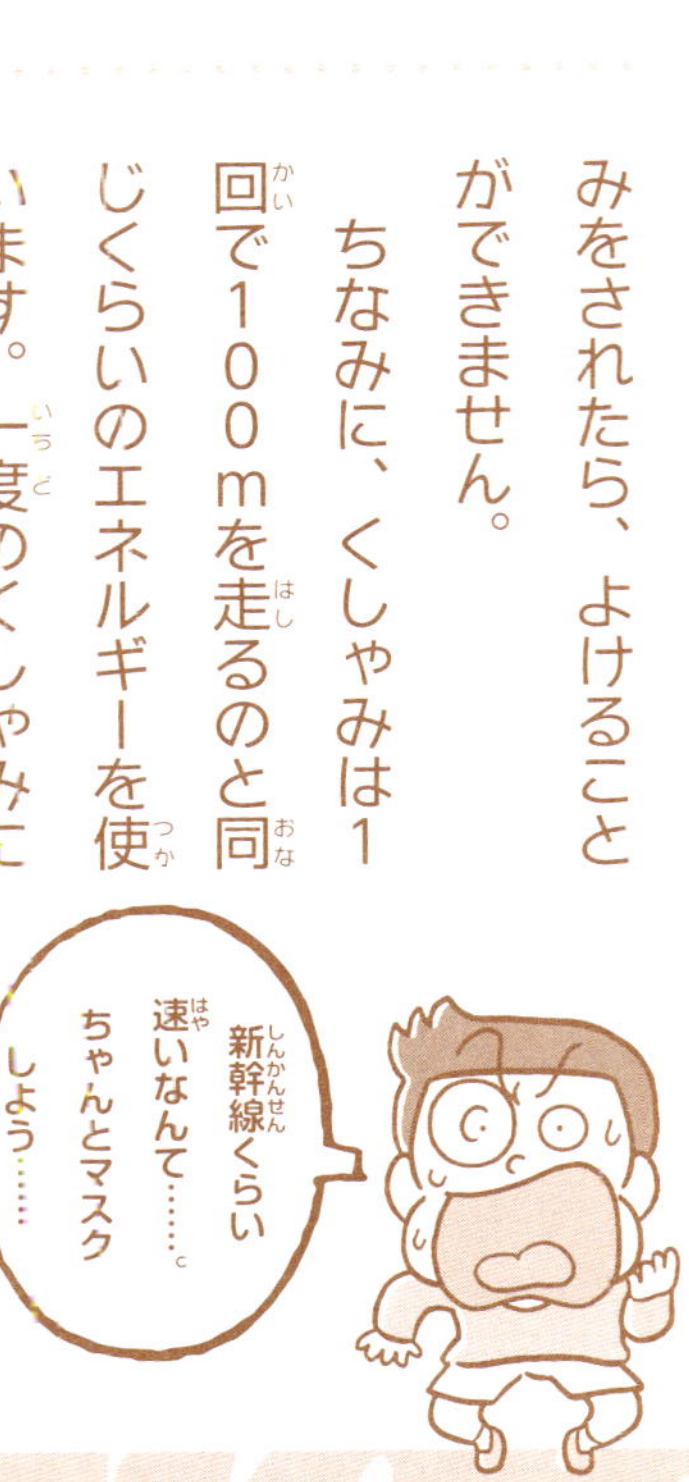
新幹線《しんかんせん》くらい速《はや》いなんて……。ちゃんとマスクしよう……

くしゃみを無理《むり》にとめると……

また、くしゃみを無理《むり》にとめようとすると、のどの粘膜《ねんまく》や気道《きどう》、耳《みみ》などが圧迫《あっぱく》されてしまい、のどや鼓膜《こまく》、脳血管《のうけっかん》を傷《きず》つけてしまうなどの影響《えいきょう》をおよぼす可能性《かのうせい》もあるといわれています。

イギリスでは、くしゃみをおさえるために鼻《はな》をつまみ、口《くち》をとじてくしゃみをしたために、のどに穴《あな》があいてしまった男性《だんせい》の症状《しょうじょう》も報告《ほうこく》されているほどです。

くしゃみでウイルスをまきちらすのは危険《きけん》ですが、くしゃみを無理《むり》にとめるのも危険《きけん》なのです。

くしゃみのウソ・ホント

目《め》の前《まえ》なら0.04秒《びょう》でくしゃみをあびる!?

くしゃみが3m先《さき》まで届《とど》くのに、わずか0.04秒《びょう》しかありません。目《め》の前《まえ》の人《ひと》がくしゃみをしたら、よけることは不可能《ふかのう》なのです。

豆知識《まめちしき》 くしゃみを5回《かい》すると、角砂糖《かくざとう》約《やく》1個分《こぶん》のカロリーを消費《しょうひ》する。

1分間《ぷんかん》の
せん毛《もう》のゆれ

250回《かい》

鼻《はな》の奥《おく》のせん毛《もう》はゴミがからだに入《はい》るのを防《ふせ》ぐ

鼻《はな》は、においを感《かん》じるほか、空気《くうき》を吸《す》いこんであたためたり、しめらせたりする役割《やくわり》があります。

また、細菌《さいきん》やゴミなどの異物《いぶつ》を体内《たいない》に入《はい》りこませないようにするのも大事《だいじ》な役割《やくわり》です。吸《す》いこんだ空気《くうき》から、異物《いぶつ》のうち6〜7割《わり》をとり除《のぞ》いています。

鼻《はな》の穴《あな》の内側《うちがわ》には短《みじか》くてかたい鼻毛《はなげ》が生《は》えていて、吸《す》った空気《くうき》からゴミやチリがからだに入《はい》らないように防《ふせ》いでいるのです。

鼻《はな》の奥《おく》には、とても短《みじか》くて細《ほそ》い、せん毛《もう》という毛《け》がびっしりと生《は》えています。

せん毛《もう》は、1分間《ぷんかん》に約《やく》250回《かい》、つまり1秒間《びょうかん》におよそ4回《かい》、細《こま》かくゆれ動《うご》いています。

粘膜《ねんまく》から分泌《ぶんぴつ》された粘液《ねんえき》が、鼻《はな》に入《はい》った小《ちい》

鼻毛《はなげ》とせん毛《もう》の
おかげでからだに
ゴミが入《はい》らないんじゃ

さなゴミをくっつけています。せん毛《もう》は、細《こま》かい動《うご》きをくり返《かえ》して、そこでくっつけた小《ちい》さなゴミをからだの外《そと》へ放《ほう》り出《だ》すのです。

せん毛《もう》のゆれがおそくなると……

せん毛《もう》が振動《しんどう》するときは、1分間《ぷんかん》に5～7㎜くらいのスピードで鼻《はな》の穴《あな》の中《なか》を前《まえ》から後《うし》ろへと動《うご》いています。

しかし、鼻《はな》の病気《びょうき》であるちくのう症《しょう》になると、せん毛《もう》の1分間《ぷんかん》の振動《しんどう》は、2～3㎜ほどとおそくなります。

かぜをひいて鼻《はな》がつまったりすると、せん毛《もう》の動《うご》きがおそくなって働《はたら》きが鈍《にぶ》くなるため、のどがかわいたり、はれたりしてしまいます。

からだ博士《はかせ》の嗅細胞《きゅうさいぼう》クイズ！

（正解《せいかい》は下《した》を見《み》てね）

Q においを感《かん》じる嗅細胞《きゅうさいぼう》は、人間《にんげん》にはおよそいくつぐらいあるじゃろうか。

難易度《なんいど》 ★★★

❶500万《まん》～1000万個《まんこ》
❷5億《おく》～ 10億個《おくこ》
❸50億《おく》～100億個《おくこ》

ボクにわかる
においはおかあさんの
ごはんと、からだ博士《はかせ》の
加齢臭《かれいしゅう》と……

正解《せいかい》は❶。数千《すうせん》～1万種《まんしゅ》のにおいをかぎ分《わ》けられる。

睡眠時間《すいみんじかん》の全国平均《ぜんこくへいきん》は7時間《じかん》40分《ぷん》

青森《あおもり》、秋田《あきた》、山形《やまがた》をはじめとする東北《とうほく》地方《ちほう》では睡眠時間《すいみんじかん》が長《なが》い一方《いっぽう》、東京《とうきょう》、神奈川《かながわ》、埼玉《さいたま》、千葉《ちば》と、首都圏《しゅとけん》では睡《すい》眠時間《みんじかん》が短《みじか》くなっています。

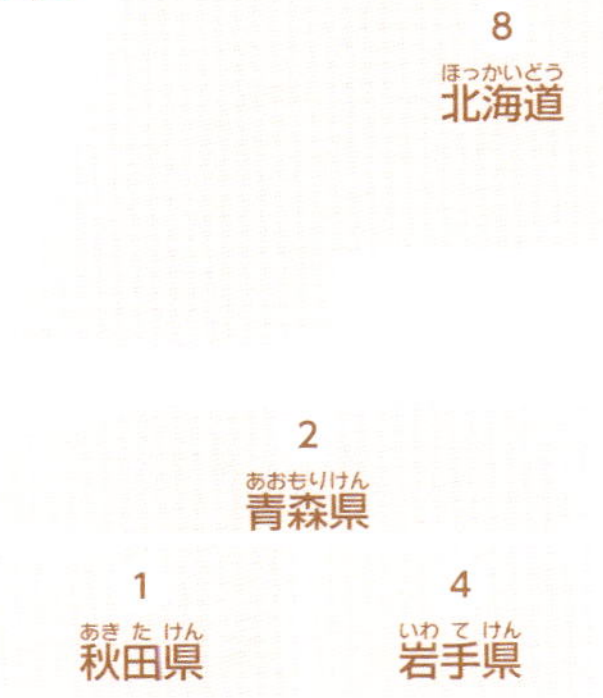

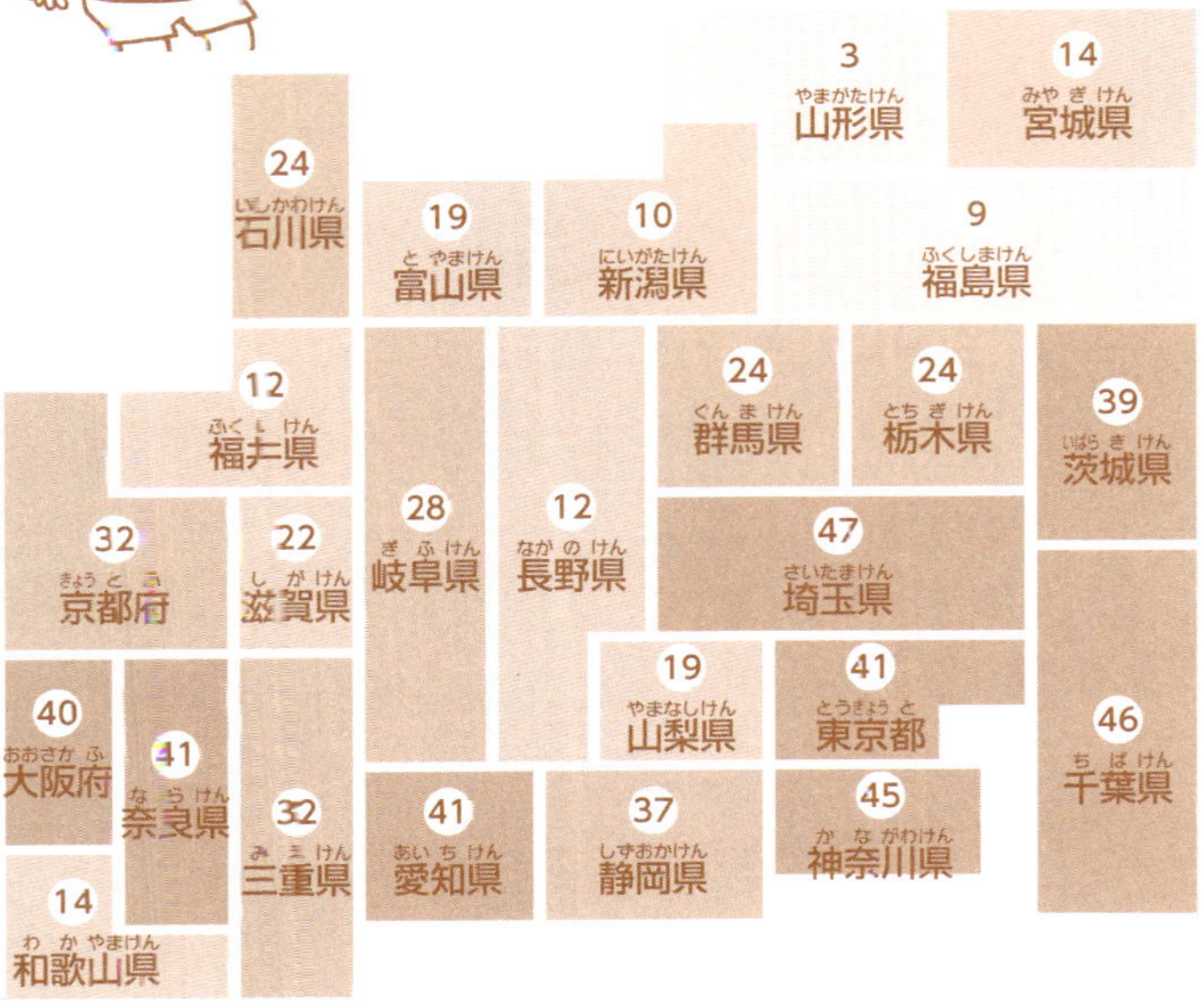

（平成《へいせい》28年《ねん》　総務省統計局《そうむしょうとうけいきょく》　社会生活基本調査結果《しゃかいせいかつきほんちょうさけっか》）

睡眠時間《すいみんじかん》の長《なが》い都道府県《とどうふけん》ランキング

1	秋田県《あきたけん》	8時間《じかん》02分《ふん》	16	鳥取県《とっとりけん》	7時間《じかん》45分《ふん》	32	三重県《みえけん》	7時間《じかん》40分《ぷん》
2	青森県《あおもりけん》	7時間《じかん》59分《ふん》	16	佐賀県《さがけん》	7時間《じかん》45分《ふん》	32	京都府《きょうとふ》	7時間《じかん》40分《ぷん》
3	山形県《やまがたけん》	7時間《じかん》56分《ぷん》	16	大分県《おおいたけん》	7時間《じかん》45分《ふん》	32	岡山県《おかやまけん》	7時間《じかん》40分《ぷん》
4	岩手県《いわてけん》	7時間《じかん》54分《ぷん》	19	富山県《とやまけん》	7時間《じかん》44分《ぷん》	32	山口県《やまぐちけん》	7時間《じかん》40分《ぷん》
5	島根県《しまねけん》	7時間《じかん》53分《ぷん》	19	山梨県《やまなしけん》	7時間《じかん》44分《ぷん》	36	福岡県《ふくおかけん》	7時間《じかん》39分《ふん》
5	宮崎県《みやざきけん》	7時間《じかん》53分《ぷん》	19	熊本県《くまもとけん》	7時間《じかん》44分《ぷん》	37	静岡県《しずおかけん》	7時間《じかん》38分《ぷん》
7	高知県《こうちけん》	7時間《じかん》52分《ふん》	22	滋賀県《しがけん》	7時間《じかん》43分《ぷん》	37	長崎県《ながさきけん》	7時間《じかん》38分《ぷん》
8	北海道《ほっかいどう》	7時間《じかん》51分《ぷん》	22	徳島県《とくしまけん》	7時間《じかん》43分《ぷん》	39	茨城県《いばらきけん》	7時間《じかん》37分《ふん》
9	福島県《ふくしまけん》	7時間《じかん》50分《ぷん》	24	栃木県《とちぎけん》	7時間《じかん》42分《ふん》	40	大阪府《おおさかふ》	7時間《じかん》36分《ぷん》
10	新潟県《にいがたけん》	7時間《じかん》48分《ぷん》	24	群馬県《ぐんまけん》	7時間《じかん》42分《ふん》	41	東京都《とうきょうと》	7時間《じかん》35分《ふん》
10	鹿児島県《かごしまけん》	7時間《じかん》48分《ぷん》	24	石川県《いしかわけん》	7時間《じかん》42分《ふん》	41	愛知県《あいちけん》	7時間《じかん》35分《ふん》
12	福井県《ふくいけん》	7時間《じかん》47分《ふん》	24	広島県《ひろしまけん》	7時間《じかん》42分《ふん》	41	兵庫県《ひょうごけん》	7時間《じかん》35分《ふん》
12	長野県《ながのけん》	7時間《じかん》47分《ふん》	28	岐阜県《ぎふけん》	7時間《じかん》41分《ぷん》	41	奈良県《ならけん》	7時間《じかん》35分《ふん》
14	宮城県《みやぎけん》	7時間《じかん》46分《ぷん》	28	香川県《かがわけん》	7時間《じかん》41分《ぷん》	45	神奈川県《かながわけん》	7時間《じかん》33分《ぷん》
14	和歌山県《わかやまけん》	7時間《じかん》46分《ぷん》	28	愛媛県《えひめけん》	7時間《じかん》41分《ぷん》	46	千葉県《ちばけん》	7時間《じかん》32分《ふん》
			28	沖縄県《おきなわけん》	7時間《じかん》41分《ぷん》	47	埼玉県《さいたまけん》	7時間《じかん》31分《ぷん》

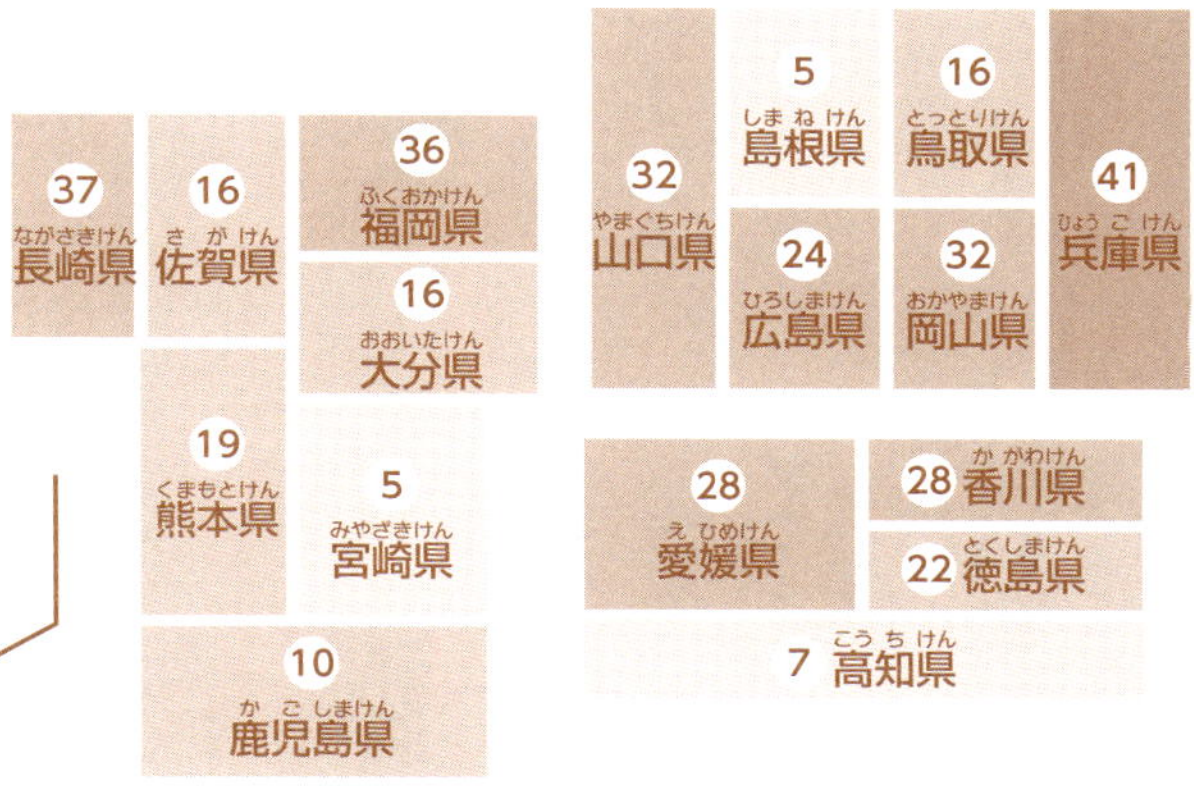

1日《にち》の
涙《なみだ》の分泌量《ぶんぴつりょう》

約《やく》0.6mL

起《お》きている間《あいだ》、涙《なみだ》は出《で》続《つづ》けている

涙《なみだ》は、外《そと》から強《つよ》い刺激《しげき》を受《う》けた反射《はんしゃ》として、あるいは喜《よろこ》びや悲《かな》しみなど、感情《かんじょう》が激《はげ》しくゆさぶられたときに流《なが》れます。しかし、それ以外《いがい》にも、じつは起《お》きている間《あいだ》、涙《なみだ》はつねに出《で》ています。

なぜなら、目《め》の表面《ひょうめん》についたほこりやゴミを洗《あら》い流《なが》す、乾燥《かんそう》を防《ふせ》ぐ、目《め》の表面《ひょうめん》（角膜《かくまく》）へ酸素《さんそ》や栄養《えいよう》を補《おぎな》うといった役割《やくわり》があるからです。

感情《かんじょう》をともなって涙《なみだ》があふれるとき、その1粒《つぶ》は0・2mLくらいの量《りょう》です。

感情《かんじょう》をともなう涙《なみだ》とはちがって、毎日《まいにち》自然《しぜん》に分泌《ぶんぴつ》されている涙《なみだ》の量《りょう》は、1回《かい》のまばたきで、約《やく》0・002mLです。

眠《ねむ》っている間《あいだ》は涙《なみだ》が出《で》ないため、1日《にち》16時間《かん》くらい起《お》きているとして、1日《にち》ではおよそ

悲《かな》しいとき以外《いがい》でも涙《なみだ》はずっと出《で》ていたのか

0・6mL（計量《けいりょう》スプーンの小《こ》さじ8分《ぶん》の1杯《ぱい》分《ぶん》ほど）分泌《ぶんぴつ》されていると考《かんが》えられています。

涙《なみだ》は鼻《はな》の中《なか》に流《なが》れて鼻水《はなみず》になる!?

涙《なみだ》は、目《め》の表面《ひょうめん》を流《なが》れる間《あいだ》に、1～2割《わり》ほど蒸発《じょうはつ》して、残《のこ》りは鼻涙管《びるいかん》という細《ほそ》い管《くだ》を通《とお》って鼻《はな》の中《なか》に流《なが》れていきます。

大泣《おおな》きをしたあとに鼻水《はなみず》が出《で》るのはそのためです。また、涙《なみだ》が頬《ほお》をこぼれ落《お》ちるのは、涙《なみだ》を鼻《はな》の中《なか》に流《なが》れさせる処理《しょり》が追《お》いつかないためなのです。

ちなみに、うれしいときや悲《かな》しいときは水《みず》っぽく、くやしいときや怒《おこ》ったときは塩分《えんぶん》が多《おお》めの涙《なみだ》が流《なが》れるとされています。

からだ博士《はかせ》の涙《なみだ》クイズ！

（正解《せいかい》は下《した》を見《み》てね）

難易度《なんいど》★★

Q 80歳《さい》まで生《い》きるとして、一生《いっしょう》でどれだけの涙《なみだ》を自然《しぜん》に分泌《ぶんぴつ》しているじゃろうか（刺激《しげき》による反射《はんしゃ》で流《なが》す涙《なみだ》、感情《かんじょう》によって流《なが》す涙《なみだ》はふくまない）。

①およそ1.8L

②およそ18L

③およそ180L

えっと、涙《なみだ》は1日《にち》に0.6mL出《で》るから、それが80年分《ねんぶん》だと……

正解《せいかい》は②。500mLのペットボトル約《やく》36本分《ほんぶん》。

1日《にち》の
まばたきの回数《かいすう》

約《やく》2万回《まんかい》

目《め》は長《なが》い間《あいだ》あけていられず、無意識《むいしき》にまばたきをしている

まばたきとは、まぶたという目《め》のふたによって目《め》をあけたりとじたりする運動《うんどう》のことです。ずっと目《め》をあけていようとしても目《め》がかわいてしまい、長《なが》い間《あいだ》、まばたきをがまんすることはできません。

まばたきには、ウインクのように意識的《いしきてき》にする、目《め》に光《ひかり》がさしこんだときなどに反射的《はんしゃてき》に行《おこ》なう、ふだん無意識《むいしき》に行《おこ》なっているといった、3つの種類《しゅるい》があります。

自然《しぜん》に行《おこ》なっているまばたきは、両目《りょうめ》を同《おな》じタイミングであけたりとじたりして、角膜《かくまく》の上《うえ》に涙《なみだ》のまくを広《ひろ》げて、角膜《かくまく》の乾燥《かんそう》を防《ふせ》ぎます。まばたきは、目《め》をうるおすという大切《たいせつ》な役目《やくめ》があるのです。

また、まぶたは目《め》のふたとして光《ひかり》の量《りょう》を調節《ちょうせつ》したり、ゴミなどから目《め》を守《まも》ったりしてい

まばたきを
がまんしては
いけないんじゃ

ます。

一生《いっしょう》のまばたきは約《やく》6億回《おくかい》

おとなの場合《ばあい》、1分間《ぷんかん》に20回《かい》ほどまばたきをします。まばたきは起《お》きている間《あいだ》にしか行《おこ》なわれません。

1日《にち》16時間《じかん》起《お》きているとすると、1日《にち》に1万《まん》9200回《かい》のまばたきをしていることになります。

1日《にち》に2万回近《まんかいちか》くまばたきをするなら、一生《いっしょう》ではどのくらいの回数《かいすう》になるでしょうか。

一生《いっしょう》を80年《ねん》として1日《にち》2万回《まんかい》まばたきをしていった場合《ばあい》、生《い》きている間《あいだ》に5億《おく》8400万回《まんかい》のまばたきをすることになります。

からだ博士《はかせ》のまばたきクイズ！

（正解《せいかい》は下《した》を見《み》てね）

難易度《なんいど》 ★★★

Q 1回《かい》のまばたきにかかる時間《じかん》は、0.75秒《びょう》くらいといわれておる。80歳《さい》まで生《い》きたら、どれくらいの時間《じかん》まばたきで目《め》をつむっているじゃろうか。

①およそ1216時間《じかん》

②およそ1万《まん》2160時間《じかん》

③およそ12万《まん》1600時間《じかん》

正解《せいかい》は③。日数《にっすう》だと5069日《にち》。約《やく》14年間分《ねんかんぶん》も、まばたきで目《め》をつむっていることになる。

1日《にち》に出《で》る
鼻水《はなみず》の量《りょう》

1L

かぜをひいていなくても鼻水《はなみず》は毎日《まいにち》牛乳《ぎゅうにゅう》パック1本《ぽん》分《ぶん》ほど出《で》る

寒《さむ》いときやかぜをひいたときなどは、鼻《はな》水《みず》がたくさん出《で》て鼻《はな》をかむことになります。しかし、鼻水《はなみず》はそんなときだけでなく、じつはいつも出《で》ています。

　鼻《はな》の中《なか》は、粘膜《ねんまく》でおおわれてしめっています。冷《つめ》たい空気《くうき》や乾燥《かんそう》した空気《くうき》を吸《す》いこむと、粘膜《ねんまく》に集《あつ》まっている血管《けっかん》が広《ひろ》がって、入《はい》ってきた空気《くうき》をあたためます。

　鼻水《はなみず》は細菌《さいきん》などをくっつけてからだの外《そと》に出《だ》します。また、鼻水《はなみず》はネバネバしていてしめり気《け》があるため、鼻《はな》の中《なか》の乾燥《かんそう》も防《ふせ》ぎます。

　この分泌量《ぶんぴつりょう》は1日《にち》に1Lと、牛乳《ぎゅうにゅう》パック1本分《ぽんぶん》にもなり、鼻《はな》をかんだりしなければ、ほとんど無《む》意識《いしき》に飲《の》みこんでいます。かぜのときなどは、この数倍《すうばい》もの量《りょう》が分泌《ぶんぴつ》されます。

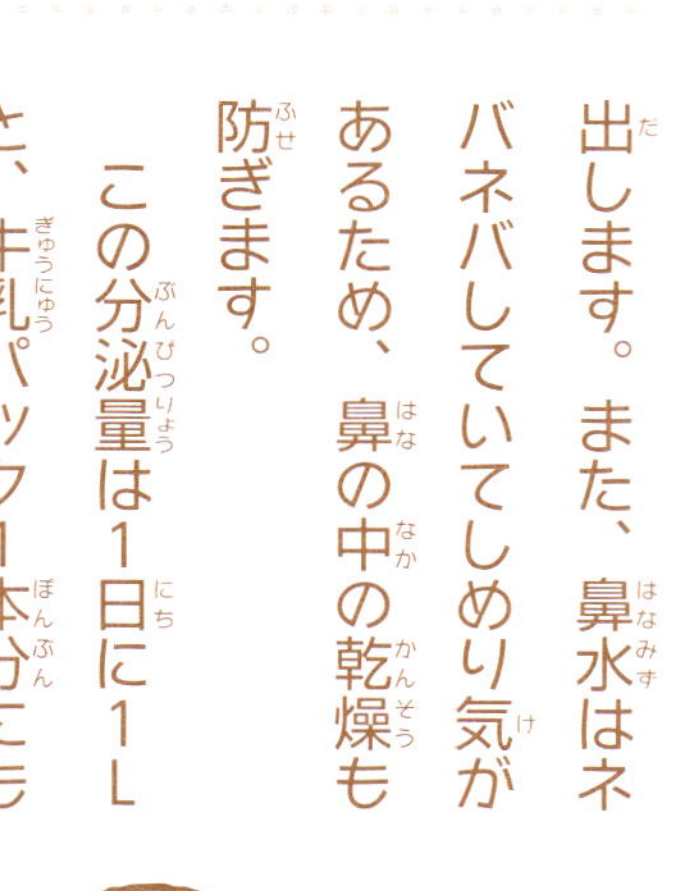

鼻水《はなみず》が出《で》るしくみをもっとくわしく

鼻水《はなみず》は、細菌《さいきん》などとのたたかいの結果《けっか》

①鼻《はな》の中《なか》に異物《いぶつ》が入《はい》る
②異物《いぶつ》を排出《はいしゅつ》するため粘膜《ねんまく》から粘液《ねんえき》がつくられ鼻水《はなみず》に

鼻《はな》には、吸《す》いこんだ空気《くうき》の中《なか》にふくまれる異物《いぶつ》をとり除《のぞ》く機能《きのう》がある。細菌《さいきん》やウイルス、花粉《かふん》、ハウスダストなどの異物《いぶつ》が鼻《はな》の中《なか》に入《はい》ってくると、からだの外《そと》に出《だ》すために鼻水《はなみず》が出される。

鼻水《はなみず》のおかげでウイルスから守《まも》られていたのか……

ウイルスが入《はい》ってくると……

呼吸《こきゅう》や食事《しょくじ》をすると、ウイルスや細菌《さいきん》など病気《びょうき》のもとになる異物《いぶつ》もからだに入《はい》ってきます。それらの異物《いぶつ》がからだに入《はい》ってなかまが増《ふ》えはじめると、鼻《はな》の奥《おく》の粘膜《ねんまく》が刺激《しげき》されます。そうして、鼻水《はなみず》がたくさん出《で》ます。

豆知識《まめちしき》　鼻水《はなみず》は、鼻《はな》から吸《す》いこんだ空気《くうき》の温度《おんど》や湿度《しつど》をエアコンのように調節《ちょうせつ》する。

1日《にち》に出《で》る
だ液《えき》の量《りょう》

1L以上《いじょう》

毎日牛乳《まいにちぎゅうにゅう》パック1本分以上《ぽんぶんいじょう》のだ液《えき》が出《で》て健康《けんこう》を守《まも》っている

ものを食《た》べたり、食《た》べ物《もの》のにおいをかいだり、食《た》べ物《もの》を見《み》たりするだけでも、口《くち》の中《なか》から、だ液《えき》が出《で》てきますよね。

だ液《えき》は、おもに耳《みみ》の下《した》、あごの下《した》、舌《した》の下《した》の3か所《しょ》にある大《おお》きなだ液腺《えきせん》から分泌《ぶんぴつ》されています。食《た》べ物《もの》を飲《の》みこみやすくする、消化《しょうか》する、歯《は》についた食《た》べかすを洗《あら》い流《なが》して歯《は》を守《まも》るといった、さまざまな役割《やくわり》を果《は》たしています。

食《た》べ物《もの》を食《た》べるときにはだ液《えき》がたくさん出《で》ますが、食事《しょくじ》のとき以外《いがい》でも0・3〜0・4mLほど出《で》ています。ただ、眠《ねむ》っているときはほとんど出《で》ません。

おとなはだ液《えき》が1日《にち》に1〜1・5Lほど出《で》ています。人《ひと》によってだ液《えき》の出《で》る量《りょう》はちがいますが、毎日《まいにち》1Lの牛乳《ぎゅうにゅう》パック1本分以上《ぽんぶんいじょう》の

だ液《えき》はおなかがへったから出《で》るわけじゃなかったのか

だ液《えき》が、口《くち》の中《なか》に出《で》ていることになります。

だ液《えき》の量《りょう》が少《すく》なくなると……

年《とし》をとる、ストレス、食《た》べ物《もの》をよくかまない、病気《びょうき》などの理由《りゆう》でだ液《えき》の量《りょう》が少《すく》なくなると、食《た》べ物《もの》が飲《の》みこみにくくなり、虫歯《むしば》や口臭《こうしゅう》などの原因《げんいん》にもなってしまいます。

だ液《えき》の量《りょう》を増《ふ》やすには、食《た》べ物《もの》をよくかむ、水分《すいぶん》をこまめにとる、舌《した》をよく動《うご》かす、耳《みみ》の下《した》にあるだ液腺《えきせん》をマッサージするといった方法《ほう》があげられます。

だ液《えき》は、口《くち》の中《なか》にいる細菌《さいきん》の増加《ぞうか》をおさえるなど、たくさんの重要《じゅうよう》な役割《やくわり》があるのです。

だ液《えき》の役割《やくわり》をもっとくわしく

だ液《えき》の役割《やくわり》

- デンプンを糖《とう》に分解《ぶんかい》し、消化《しょうか》する。
- 歯《は》の表面《ひょうめん》からカルシウムやリン酸《さん》が流出《りゅうしゅつ》するのを防《ふせ》ぎ、歯《は》を保護《ほご》する。
  また、カルシウム、リン酸《さん》を補《おぎな》い、むし歯《ば》になりかけた歯《は》を修復《しゅうふく》する。
- かんだ食《た》べ物《もの》の味覚物質《みかくぶっしつ》をとかして、味《あじ》をわからせる。
- 食《た》べ物《もの》をやわらかくして、飲《の》みこみやすくする。
- 口《くち》の中《なか》の酸《さん》を中和《ちゅうわ》する。
- 歯《は》の表面《ひょうめん》の汚《よご》れを洗《あら》い流《なが》す。
- 複数《ふくすう》の抗菌因子《こうきんいんし》があり、口《くち》の中《なか》に傷《きず》があっても感染《かんせん》しにくい。

だ液《えき》の役割《やくわり》はこーんなにたくさんあるんじゃ

豆知識《まめちしき》 赤《あか》ちゃんのだ液《えき》の量《りょう》は、おとなの5～9倍《ばい》もある。

肺胞《はいほう》の
表面積《ひょうめんせき》

100㎡

肺胞《はいほう》の表面積《ひょうめんせき》は約《やく》60畳分《じょうぶん》の広《ひろ》さ

吸《す》いこんだ息《いき》は、鼻《はな》や口《くち》から気管《きかん》を通《とお》り、気管支《きかんし》から肺《はい》に入《はい》ります。肺《はい》には、木《き》の枝《えだ》のように気管支《きかんし》と細気管支《さいきかんし》がたくさんはりめぐらされているのです。

細気管支《さいきかんし》の先《さき》には、肺胞《はいほう》というブドウのふさのような空気《くうき》のふくろがついています。肺胞《はいほう》は毛細血管《もうさいけっかん》で包《つつ》まれていて、酸素《さんそ》と二酸化炭素《にさんかたんそ》の交換《こうかん》が行《おこ》なわれています。

肺胞《はいほう》は直径《ちょっけい》が0・1〜0・2㎜ほどで、とても小《ちい》さいのですが、およそ6億個《おくこ》もあるといわれています。

息《いき》を深《ふか》く吸《す》いこんだときの肺胞《はいほう》の表面積《ひょうめんせき》をすべて合《あ》わせると、100㎡ほどの広《ひろ》さになります。

これは、1畳《じょう》が1・6㎡ほどなので、約《やく》60畳分《じょうぶん》もの広《ひろ》さです。

息《いき》を吸《す》ったときの肺《はい》はボクの部屋《へや》の10倍以上《ばいいじょう》も広《ひろ》いの!?

肺胞《はいほう》をもっとくわしく

左右《さゆう》の肺《はい》を合《あ》わせて6億個《おくこ》もある肺胞《はいほう》

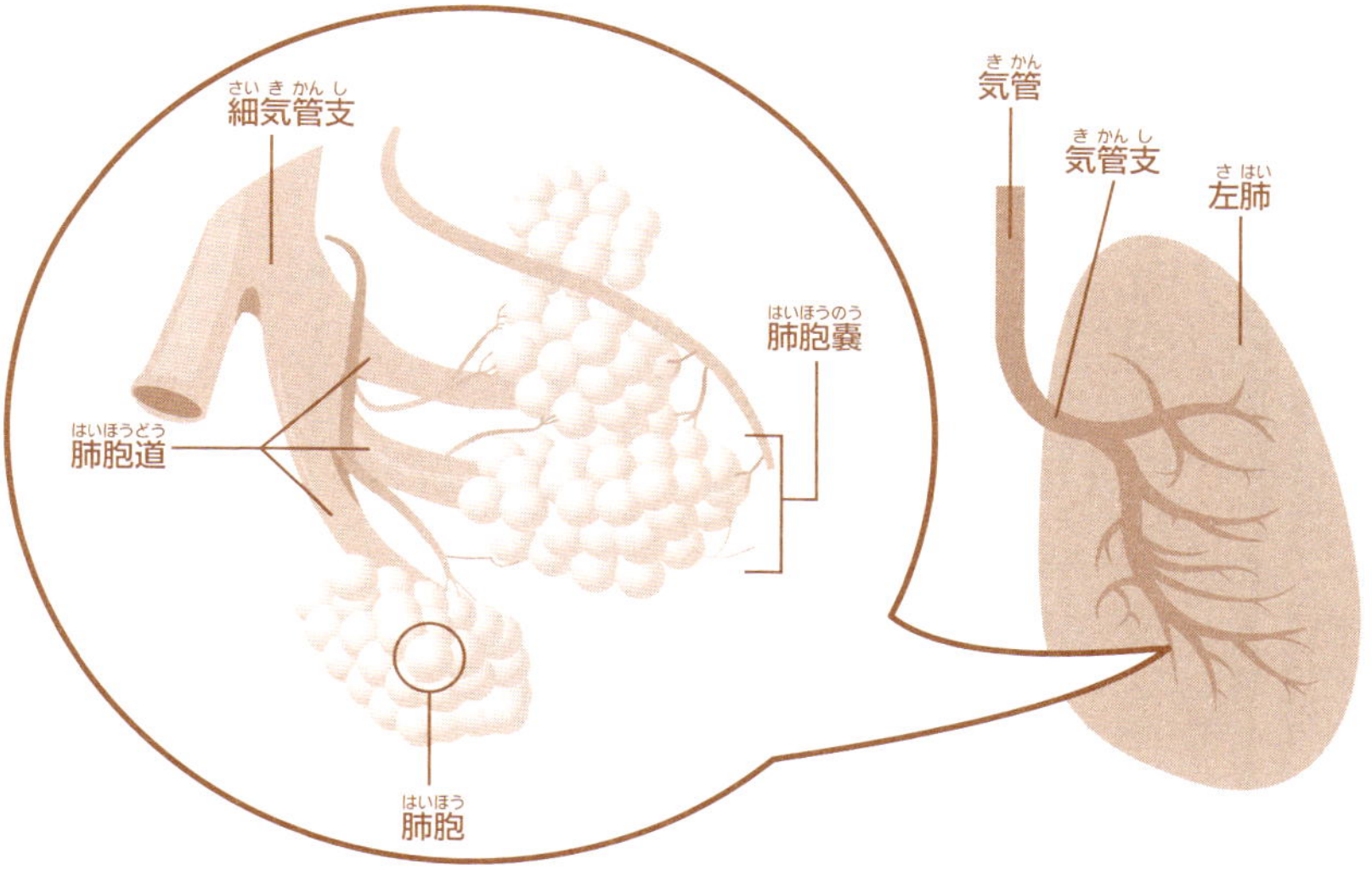

酸素《さんそ》と二酸化炭素《にさんかたんそ》の交換《こうかん》

肺胞《はいほう》の表面《ひょうめん》は毛細血管《もうさいけっかん》に包《つつ》まれていて、酸素《さんそ》は肺胞《はいほう》を通《とお》ってこの毛細血管《もうさいけっかん》の血液《けつえき》へとりこまれます。

いっぽうで、毛細血管《もうさいけっかん》の血液《けつえき》にふくまれる二酸化炭素《にさんかたんそ》は肺胞《はいほう》に出《だ》されます。こうして酸素《さんそ》と二酸化炭素《にさんかたんそ》が交換《こうかん》されます。

豆知識《まめちしき》 胎児《たいじ》は生《う》まれてうぶ声《ごえ》を上《あ》げることで、はじめて肺《はい》が働《はたら》きはじめる。

1日《にち》に出《で》る
おしっこの量《りょう》

1L以上《いじょう》
おしっこのもとは1日《にち》に170L つくられ、1%がおしっこになる

血《けっ》液《えき》の中《なか》のいらない成分《せいぶん》は、腎臓《じんぞう》でこしとられて膀胱《ぼうこう》にたまり、おしっことしてからだの外《そと》に出《だ》されます。

腎臓《じんぞう》は左右《さゆう》にひとつずつあります。そらまめのような形《かたち》をした12㎝×6㎝くらいの小《ちい》さな臓器《ぞうき》で、1分間《ぷんかん》に1Lもの血液《けつえき》が通《とお》ります。血液《けつえき》からこしとられて腎臓内《じんぞうない》に残《のこ》ったものが、原尿《げんにょう》という、おしっこのもとになるのです。

原尿《げんにょう》は1日《にち》に170Lほどつくられますが、ほとんどが体内《たいない》に再吸収《さいきゅうしゅう》されます。原尿《げんにょう》のうち約《やく》1%がおしっことして膀胱《ぼうこう》にたまります。

膀胱《ぼうこう》は、のびちぢみするふくろのような筋肉《きんにく》でできていて、最大《さいだい》で800mLくらいまでおしっこをためられます。からだの外《そと》に出《だ》されるおしっこは、1日《にち》に1～1・5Lになります。

おしっこのもとは
おしっこの100倍《ばい》
以上《いじょう》もあるんだ

くらべてみよう　膀胱《ぼうこう》にたまる尿《にょう》と尿意《にょうい》

膀胱《ぼうこう》に700~800mLたまるとがまんも限界《げんかい》

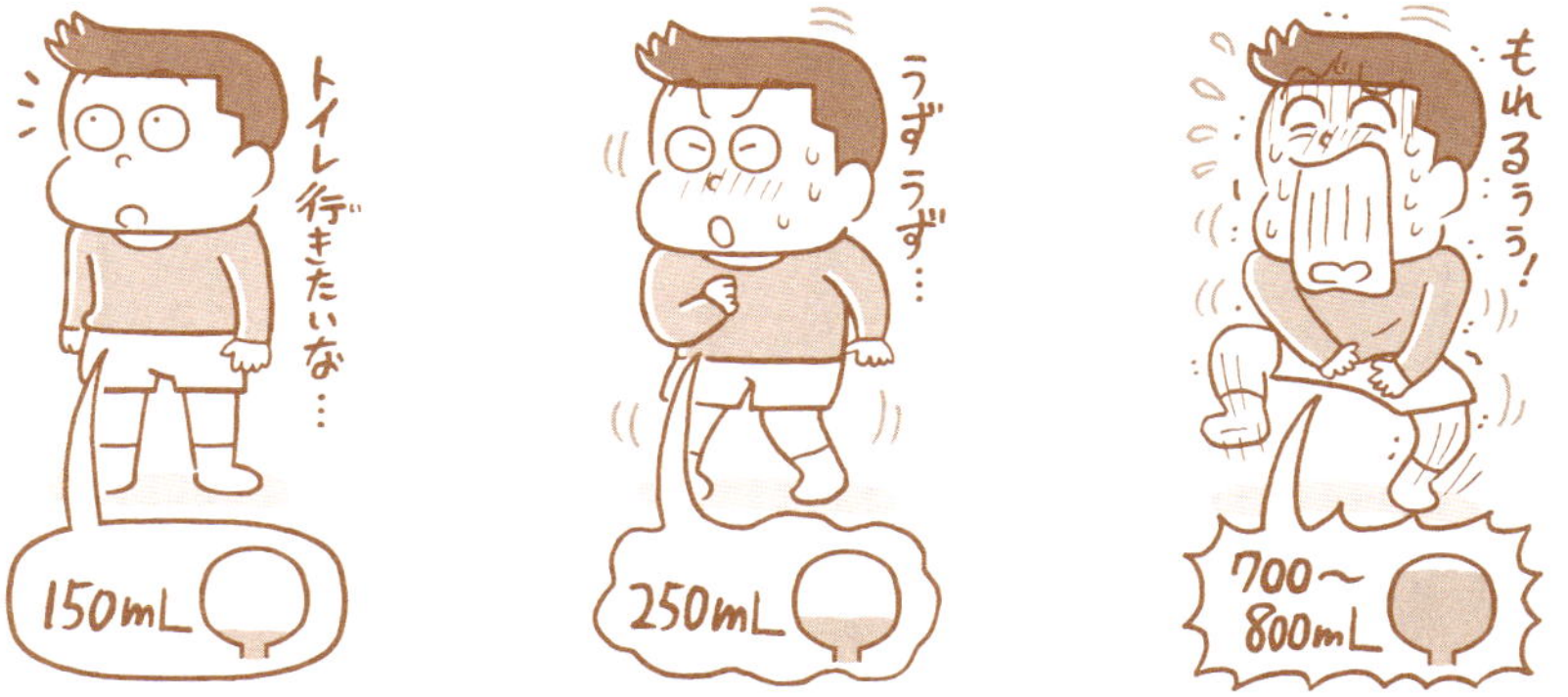
トイレ行きたいな…
150mL
うずうず…
250mL
もれるぅぅ!
700~800mL

150mL	250mL	700～800mL
軽《かる》い尿意《にょうい》	強《つよ》い尿意《にょうい》	がまんの限界《げんかい》

がまんの限界《げんかい》がくるまえにトイレにいくのじゃよ

尿《にょう》がたまると……

膀胱《ぼうこう》が満《まん》タンでなくてもおしっこをしたい感覚《かんかく》（尿意《にょうい》）がありますが、がまんしてコントロールできます。

150mLでは軽《かる》い尿意《にょうい》、250mLでは強《つよ》い尿意《にょうい》、700~800mLではギリギリで、がまんも限界《げんかい》です。

豆知識《まめちしき》　睡眠中《すいみんちゅう》は膀胱《ぼうこう》にためられるおしっこの量《りょう》が約《やく》1.5倍《ばい》になる。

1日《にち》に出《で》る
おならの量《りょう》

400mL

少《すく》ない人《ひと》でもおならは毎日《まいにち》400mLほど出《で》る

おならは、食事《しょくじ》のときに飲《の》みこんだ空気《くうき》が7割《わり》ほどを占《し》めています。残《のこ》りは血液中《けつえきちゅう》のガスや、腸内細菌《ちょうないさいきん》の働《はたら》きによって食《た》べ物《もの》が発酵《はっこう》したり、くさったりしたときのガスなどで成《な》り立《た》っています。

おならのにおいのもとは、動物性《どうぶつせい》タンパク質《しつ》など、硫黄分《いおうぶん》の多《おお》い食《た》べ物《もの》を分解《ぶんかい》するときに発生《はっせい》する硫化水素《りゅうかすいそ》などです。

健康《けんこう》なおとなでも、食事《しょくじ》の内容《ないよう》や腸内細菌《ちょうないさいきん》の働《はたら》き、体調《たいちょう》などによっておならの量《りょう》や成分《せいぶん》は変《か》わってきます。

おならの量《りょう》は1日《にち》に400mL～2Lくらいと、人《ひと》によってちがいがとても大《おお》きいといわれています。

量《りょう》が少《すく》ない人《ひと》でも、毎日《まいにち》400mLほどはおならをしているのです。

硫黄分《いおうぶん》の多《おお》い
食《た》べ物《もの》でおならは
くさくなるのじゃ。
ニンニクとかね

がまんしたおならをもっとくわしく

おならをがまんすると体内《たいない》に再吸収《さいきゅうしゅう》される

がまんしたおならは全身《ぜんしん》に

おならをがまんすると、血液中《けつえきちゅう》に再吸収《さいきゅうしゅう》されて全身《ぜんしん》をかけめぐります。一部《いちぶ》はおしっこに、一部《いちぶ》はからだのさまざまな組織《そしき》で使《つか》われ、一部《いちぶ》は肺《はい》にまで運《はこ》ばれて、皮膚《ひふ》から出《で》たり、または鼻《はな》や口《くち》から息《いき》として外《そと》に出《だ》されます。

豆知識《まめちしき》 炭水化物《たんすいかぶつ》や食物繊維《しょくもつせんい》をとると、おならはあまりくさくならない。

お風呂上《ふろあ》がりの耳《みみ》かきは じつはよくない!?

耳《みみ》かきは気持《きも》ちがよく、毎日《まいにち》している人《ひと》もいるかもしれません。しかし、耳《みみ》かきのしすぎはからだによくないので気《き》をつけましょう。

耳《みみ》の穴《あな》は、手《て》や足《あし》などと同《おな》じように皮膚《ひふ》でできています。耳《みみ》あかも皮《ひ》膚《ふ》のあかと同《おな》じで自然《しぜん》にはがれ落《お》ち、ひとりでに外《そと》へ押《お》し出《だ》されていくので、毎日《まいにち》のようにそうじする必要《ひつよう》はありません。

綿棒《めんぼう》を使《つか》うと耳《みみ》あかが押《お》しこまれる

耳《みみ》かきをしすぎると、耳《みみ》の中《なか》に傷《きず》をつけたり、かえって耳《みみ》あかを増《ふ》やしたりするかもしれません。

とくに、お風呂上《ふろあ》がりに綿棒《めんぼう》を使《つか》うと、ぬれた耳《みみ》あかが耳《みみ》の奥《おく》へ押《お》しこまれてしまいます。

耳《みみ》あかは、耳《みみ》の穴《あな》の入《い》り口《ぐち》から半《はん》分《ぶん》までの場所《ばしょ》にしかできないので、無理《むり》に耳《みみ》かきをするのはよくないのです。

ワシは知《し》ってたけど気持《きも》ちいいからついやってしまうのう
ボクは毎日《まいにち》お風呂《ふろ》上《あ》がりに耳《みみ》かきをしてたよ

パート 4

人体《じんたい》の限界《げんかい》

さいごに人体《じんたい》の限界《げんかい》を見《み》ていこうかのう 世界《せかい》のすごい人《ひと》たちがたくさん出《で》てくるのじゃ
すごい人《ひと》たち！ 楽《たの》しみだなあ

からだの限界《げんかい》にいどんだすごい人《ひと》たちがたくさん!?

世界《せかい》のすごい人《ひと》たちの紹介《しょうかい》をはじめるからだ博士《はかせ》。しかし、夕食《ゆうしょく》のしたくをしていたおかあさんに……。

からだ博士《はかせ》、参上《さんじょう》!
よいしょっと
ズーン
なにやってんの!?
はっはっはっ!
フフフ……どうじゃ、コレ? 高《たか》いじゃろ!?
おかーさん! 博士《はかせ》がまた変《へん》なことしてるー!
ドーン!
これはな、世界《せかい》で一番身長《いちばんしんちょう》が高《たか》かった人《ひと》の……2m72cmの高《たか》さなんじゃ!!
2m72cm
1m38cm
天井《てんじょう》についてる!!
すごいじゃろ?
よいしょっ
そして……
ガサゴソ…
バサァ
これが世界《せかい》で一番《いちばん》長《なが》かった人《ひと》の髪《かみ》……6・8m!!
ビローン!
カツラ!?
ごはんできたわよ~
スタスタ
すごいじゃろ?
よっと!
ブンッ
長《なが》……
あ!
ビシッ
ガチャン!
お~の~れ~ら~……
ゴゴゴゴゴゴゴゴ
ぐちゃ…
出《で》てけ!!
ポイッ
バキッ
バキッ
ボク関係《かんけい》ないっ!

100m走《そう》の世界記録《せかいきろく》（仮説《かせつ》）

8秒台《びょうだい》!? ボルトと日本人《にほんじん》の長所《ちょうしょ》を合《あ》わせると100m8秒台《びょうだい》も!?

ジャマイカ人《じん》のウサイン・ボルトさんは、100m走《そう》の世界記録保持者《せかいきろくほじしゃ》（9・58秒《びょう》）です（2018年現在《ねんげんざい》）。これを平均時速《へいきんじそく》にすると約《やく》37・6㎞、最高速度《さいこうそくど》は40㎞を超《こ》えるといわれています。

人類《じんるい》は、どこまで速《はや》く走《はし》れるのでしょうか。アメリカの大学《だいがく》の研究《けんきゅう》チームは、人類《じんるい》の速度《そくど》の限界《げんかい》は、最高《さいこう》で時速《じそく》69㎞と結論《けつろん》づけました。

いっぽう、日本《にほん》の筑波大学《つくばだいがく》は、トップアスリートの特《とく》ちょうを組《く》み合《あ》わせるなどした研究成果《けんきゅうせいか》を出《だ》しています。それによると、人間《にんげん》は最高《さいこう》で9秒《びょう》49の記録《きろく》が出《だ》せるとしています。

さらに、ボルトさんと日《に》本人《ほんじん》の足《あし》の回転《かいてん》の速《はや》さを組《く》み合《あ》わせれば、100m8秒台《びょうだい》も夢《ゆめ》ではないという仮説《かせつ》もあります。

くらべてみよう　野球選手《やきゅうせんしゅ》の球速《きゅうそく》

大谷翔平《おおたにしょうへい》よりも速《はや》いチャップマン

イチロー選手《せんしゅ》
時速《じそく》150km前後《ぜんご》

チャップマン投手《とうしゅ》
時速《じそく》169.1km

大谷翔平投手《おおたにしょうへいとうしゅ》
時速《じそく》165km

最速《さいそく》の投手《とうしゅ》は時速約《じそくやく》170km

人間《にんげん》の投《な》げる能力《のうりょく》は、どの動物《どうぶつ》よりも勝《まさ》っているといわれています。

野球選手《やきゅうせんしゅ》は、正確《せいかく》に速《はや》く投《な》げることができます。たとえば、イチロー選手《せんしゅ》が外野《がいや》から全力《ぜんりょく》で投《な》げると150km前後《ぜんご》の球速《きゅうそく》です。

ピッチャーでは、大《だい》リーグのアロルディス・チャップマン投手《とうしゅ》が2010年《ねん》に時速《じそく》169・1kmをマークしています。

また、日本《にほん》では2016年《ねん》に当時《とうじ》日本《にっぽん》ハムファイターズの大谷翔平投手《おおたにしょうへいとうしゅ》が時速《じそく》165kmをマークしています。

豆知識《まめちしき》　100m初《はつ》の9秒台《びょうだい》の記録《きろく》は、1968年《ねん》ジム・ハインズさんの9秒《びょう》95。

円周率《えんしゅうりつ》の暗記《あんき》の世界記録《せかいきろく》

１０万《まん》ケタ

物語《ものがたり》のように覚《おぼ》えて達成《たっせい》した、円周率暗記《えんしゅうりつあんき》の世界記録《せかいきろく》

日本《にほん》には、円周率《えんしゅうりつ》の暗記《あんき》に挑戦《ちょうせん》したすごい人《ひと》がいます。１９４５年《ねん》生《う》まれの原口證《はらぐちあきら》さんです。

原口《はらぐち》さんは２００４年《ねん》、58歳《さい》で円周率《えんしゅうりつ》５万《まん》４０００ケタを覚《おぼ》えてそらんじること（暗誦《あんしょう》）に成功《せいこう》して、世界新記録《せかいしんきろく》を達成《たっせい》しました。

そして同《おな》じ年《とし》に約《やく》６万《まん》８０００ケタ、２００５年《ねん》には8万《まん》３４３１ケタと世界記録《せかいきろく》を伸《の》ばし続《つづ》け、２００６年《ねん》には10万《まん》ケタまで円周率《えんしゅうりつ》の暗記《あんき》を達成《たっせい》しました。

３・１４１５９２……とずっと続《つづ》く円周率《えんしゅうりつ》の数字《すうじ》を文字《もじ》におきかえて、「さー、安心得《あんしんえ》んと国許去《くにもとさ》った儚《はかな》きその身《み》は……」という、武士《ぶし》が旅立《たびだ》つ場面《ばめん》からはじまる物語《ものがたり》のような語呂合《ごろあ》わせにして覚《おぼ》えるのが、原口《はらぐち》さん流《りゅう》だそうです。

がんばればボクも
こんなにたくさん
覚《おぼ》えられるのかな?

原口《はらぐち》さんが覚《おぼ》えた円周率《えんしゅうりつ》

3.14159265358979323846264338327950288419716939937510582097494459230781640628620899862803
4825342117067982148086513282306647093844609550582231725359408128481117450284102701938521
105559644622948954930381964428810975665933446128475648233786783165271201909145648566923460
3486104543266482133936072602491412737245870066063155881748815209209628292540917153643678
92590360011330530548820466521384146951941511609433057270365759591953092186117381932611793
10511854807446 237996274956
73518857527248 912279381830
11949129833673 362440656643
08602139494639 522473719070
21798609437027705392171762931767523846748184676694051320005681271452635608277857713427577
8960917363717872146844090122495343014654958537105079227968925892354201995611212902196086
4034418159813629774771309960518707211349999998372978049951059731732816096318595024459455
346908302642522308253344685035261931188171010003137838752886587533208381420617177669147303
5982534904287554687311595628638823537875937519577818577805321712268066130019278766111959
09216420198938095257201065485863278865936153381827968230301952035301852968995773622599413
89124972177528347913151557485724245415069595082953311686172785588907509838175463746493931
92550604009277016711390098488240128583616035637076601047101819429555961989467678374494482
55379774726847104047534646208046684259069491293313677028989152104752162056966024058038150
19351125338243003558764024749647326391419927260426992279678235478163600934172164121992458
63150302861829745557067498385054945885869269956909272107975093029553211653449872027559602
36480665499119881834797753566369807426542527862551818417574672890977772793800081647060016
14524919217321721477235014144197356854816136115735255213347574184946843852332390739414333
45477624168625189835694855620992192221842725502542568876717904946016534668049886272327917
86085784383827967976681454100953883786360950680064225125205117392984896084128488626945604
24196528502221066118630674427862203919494504712371378696095636437191728746776465757396241
38908658326459958133904780275900994657640789512694683983525957098258226205224894077267194
78268482601476990902640136394437455305068203496252451749399651431429809190659250937221696
46151570985838741059788595977297549893016175392846813826868386894277415599185592524595395
94310499725246808459872736446958486538367362226260991246080512438843904512441365497627807
97715691435997700129616089441694868555848406353422072225828488648158456028506016842739452
26746767889525213852254995466672782398645659611635488623057745649803559363456817432411251
50760694794510965960940252288797108931456691368672287489405601015033086179286809208747609
17824938589009714909675985261365549781893129784821682998948722658804857564014270477555132
37964145152374623436454285844479526586782105114135473573952311342716610213596953623144295
24849371871101457654035902799344037420073105785390621983874478084784896833214457138687519
43
506430218 453191048481005370614680674919278191197939995
206141966 34287544406437451237181921799983910159195618
146751426 91239748940907186494231961567945208095146550
225231603 88193014209376213785595663893778708303906979
207734672 21825625996615014215030680384477345492026054
146659252 01497442850732518666002132434088190710486331
734649651 45390579626856100550810665879699816357473638
405257145 91028970641401109712062804390397595156771577
004203378 69936007230558763176359421873125147120532928
19182618612586732157919841484882916447060957
52706957220917567116722910981690915280173506
71274858322287183520935396572512108357915136
98820914442100675103346711031412671113699086
58516398315019701651511685171437657618351556
50884909989859982387345528331635507647918535
89322618548963213293308985706420467525907091
54814165498594616371802709819943099244889575
71282890592323326097299712084433573265489382
39119325974636673058360414281388303203824903
75898524374417029132765618093773444030707469
21120191302033038019762110110044929321516084
24448596376698389522868478312355265821314495
76857262433441893039686426243410773226978028
0731891544110104468232527162010526522721116…

数字《すうじ》を文字《もじ》におきかえた

円周率《えんしゅうりつ》は数字《すうじ》が限《かぎ》りなく続《つづ》きます。原《はら》口《ぐち》さんが暗記《あんき》した10万《まん》ケタの数字《すうじ》は、このページのおよそ100倍以上《ばいいじょう》の数《かず》です。

豆知識《まめちしき》 脳《のう》は楽《たの》しいこと、失敗《しっぱい》したこと、間違《まちが》えたことは忘《わす》れにくい。

断眠《だんみん》の世界記録《せかいきろく》

11日間《にちかん》睡眠《すいみん》を断《た》つ世界記録《せかいきろく》に挑戦《ちょうせん》した人《ひと》がいた

眠《ねむ》ることは、脳《のう》やからだを休《やす》めて疲《つか》れをとったり、細胞《さいぼう》を修復《しゅうふく》したりする役割《やくわり》があるため、とても大切《たいせつ》です。眠《ねむ》りが足《た》りないと、頭《あたま》がボンヤリして勉強《べんきょう》や仕事《しごと》がはかどらないなど、さまざまな影響《えいきょう》があります。

しかし、そんな重要《じゅうよう》な睡眠《すいみん》を断《た》つ「断眠《だんみん》」の世界記録《せかいきろく》に挑戦《ちょうせん》した人《ひと》がいます。１９６４年《ねん》、アメリカの高校生《こうこうせい》、ランディー・ガードナーさんは、２６４時間《じかん》12分《ふん》（約《やく》11日間《にちかん》）の断眠《だんみん》で当時《とうじ》の世界記録《せかいきろく》を樹《じゅ》立《りつ》しました。

断眠中《だんみんちゅう》は記憶障害《きおくしょうがい》、幻覚《げんかく》症状《しょうじょう》などが現《あらわ》れましたが、断眠後《だんみんご》わずか14時間《じかん》40分《ぷん》眠《ねむ》っただけで身体《しんたい》の状態《じょうたい》が回《かい》復《ふく》したそうです。

断眠《だんみん》は危険《きけん》をともなうため、現在《げんざい》ギネスブックでは断眠記録《だんみんきろく》の掲載《けいさい》をやめています。

くらべてみよう　偉人《いじん》の睡眠時間《すいみんじかん》

ナポレオンの1日《にち》の睡眠時間《すいみんじかん》は3時間《じかん》

ナポレオン
(1769−1821)
3時間《じかん》

森鷗外《もりおうがい》
(1862−1922)
4時間《じかん》

アインシュタイン
(1879−1955)
10時間《じかん》

ショートスリーパーとロングスリーパー

日本人《にほんじん》の平均《へいきん》睡眠《すいみん》時間《じかん》は7時間《じかん》40分《ぷん》ですが（2018年現在《ねんげんざい》）、世界《せかい》の国《くに》の中《なか》ではとても少《すく》ないとされています。

少《すこ》しの睡眠不足《すいみんぶそく》でも、睡眠不足《すいみんぶそく》がつみ重《かさ》なってしまうと、脳機能《のうきのう》の低下《ていか》やうつ病《びょう》、糖尿病《とうにょうびょう》など、重《おも》い病気《びょうき》にもつながってしまいます。

ただ、必要《ひつよう》な睡眠時間《すいみんじかん》には個人差《こじんさ》があり、1日《にち》6時間未満《じかんみまん》の睡眠《すいみん》でもからだに影響《えいきょう》が出《で》ない人《ひと》（ショートスリーパー）もいれば、1日《にち》9時間以上《じかんいじょう》の睡眠《すいみん》が必要《ひつよう》な人《ひと》（ロングスリーパー）もいます。

豆知識《まめちしき》　睡眠時間《すいみんじかん》は1日《にち》あたり7～8時間《じかん》の人《ひと》がもっとも死亡率《しぼうりつ》が低《ひく》い。

身長《しんちょう》の
世界記録《せかいきろく》

272cm

世界《せかい》で一番《いちばん》身長《しんちょう》の高《たか》い人《ひと》は、死《し》ぬまで身長《しんちょう》が伸《の》び続《つづ》けた

記《き》録《ろく》が残《のこ》っている中《なか》でもっとも身長《しんちょう》が高《たか》い人物《じんぶつ》としてギネスブックにのっているのは、アメリカのイリノイ州出身《しゅうしゅっしん》のロバート・ワドローさんという男性《だんせい》です。

ワドローさんは、2歳《さい》のときにヘルニアの手術《しゅじゅつ》をしてからからだの成長《せいちょう》が速《はや》くなり、9歳《さい》で188㎝、10歳《さい》で195㎝、13歳《さい》で224㎝、20歳《さい》で260㎝に達《たっ》しました。22歳《さい》で死亡《しぼう》したときは272㎝でした。

身長《しんちょう》が高《たか》くなった原因《げんいん》は、下垂体機能亢進症《かすいたいきのうこうしんしょう》という病気《びょうき》により、成長《せいちょう》ホルモンが異常《いじょう》に多《おお》く出《で》ていたため、と考《かんが》えられています。

ワドローさんは、歩《ある》くためのそえ木《ぎ》の具合《ぐあい》が悪《わる》くなってひざをこすったことによる感染症《かんせんしょう》がもとになり、1940年《ねん》、22歳《さい》の若《わか》さで命《いのち》を落《お》としてしまいました。

ジャンプしなくても
ダンクシュートが
できそうだ〜

くらべてみよう　世界一《せかいいち》の身長《しんちょう》

ワドローさんはバレーボールのネットより高《たか》かった

日本人《にほんじん》の平均身長《へいきんしんちょう》は約《やく》171cm（成人男性《せいじんだんせい》）

ロバート・ワドローさんの272cmという身長《しんちょう》はどれくらいの高《たか》さなのか、くらべてみましょう。

バスケットゴールの高《たか》さは305cmです。ワドローさんなら、手《て》を伸《の》ばすだけでシュートできます。バレーボールのネットの高《たか》さは243cmなので、ワドローさんより頭《あたま》ひとつ低《ひく》いことになります。

日本人《にほんじん》の平均身長《へいきんしんちょう》（成人《せいじん》）は、男性《だんせい》が約《やく》171cm、女性《じょせい》が約《やく》158cm。ワドローさんは、それよりも1m以上《いじょう》も高《たか》いことになります。

豆知識《まめちしき》　生《い》きている人《ひと》の最高身長《さいこうしんちょう》はスルタン・コーセンさん（トルコ）の251cm。

体重《たいじゅう》の
世界記録《せかいきろく》

727kg

世界一《せかいいち》重《おも》かった女性《じょせい》は、減量《げんりょう》した体重《たいじゅう》もすごかった

世《せ》界《かい》でもっとも体重《たいじゅう》が重《おも》かったキャロル・イエガーさんは、アメリカのミシガン州《しゅう》生《う》まれの女性《じょせい》です。もっとも重《おも》かったときの体重《たいじゅう》は、なんと727kg！

しかし、重《おも》すぎる体重《たいじゅう》は、生活習慣病《せいかつしゅうかんびょう》などの病気《びょうき》や、ケガにもつながってしまいます。

イエガーさんは、入院《にゅういん》してきびしい食事制限《しょくじせいげん》を行《おこ》ない、226kgも減量《げんりょう》しました。しかし、退院後《たいいんご》に体重《たいじゅう》がもとにもどり、1994年《ねん》、30歳代《さいだい》なかばの若《わか》さで腎疾患《じんしっかん》などの病気《びょうき》により死亡《しぼう》しました。

2018年《ねん》現在《げんざい》、生《い》きている人《ひと》でもっとも体重《たいじゅう》が重《おも》い世界記録《せかいきろく》をもっているのは、メキシコの男性《だんせい》、フアン・ペドロ・フランコ・サラスさんです。2016年《ねん》12月《がつ》18日《にち》時点《じてん》で、594・8kgを記録《きろく》しています。

くらべてみよう　世界一《せかいいち》の体重《たいじゅう》

727kgは成人男性《せいじんだんせい》12人分《にんぶん》!?

重《おも》すぎる体重《たいじゅう》は生活《せいかつ》もひと苦労《くろう》

世界一体重《せかいいちたいじゅう》が重《おも》かった女性《じょせい》、キャロル・イエガーさんは、歩《ある》くこともできない状《じょう》態《たい》でした。それもそのはず、イエガーさんの体重《たいじゅう》727kgは、60kgの成人男性《せいじんだんせい》12人分《にんぶん》ほどの重《おも》さです。

歩《ある》けないのも困《こま》ってしまいますが、体《たい》重《じゅう》が重《おも》すぎたために家《いえ》のドアから出《で》られなかった女性《じょせい》もいます。

325kgあったドイツのある女性《じょせい》は、病院《びょういん》へ運《はこ》ぶときにドアを通《とお》れず、消防隊《しょうぼうたい》員《いん》が壁《かべ》に穴《あな》をあけて病院《びょういん》まで連《つ》れていったそうです。

豆知識《まめちしき》　元大相撲力士《もとおおずもうりきし》の小錦《こにしき》さんの最高体重《さいこうたいじゅう》は285kgだった。

爪《つめ》の長《なが》さの世界記録《せかいきろく》

7m 世界一長《せかいいちなが》い爪《つめ》は18年間《ねんかん》も伸《の》ばし続《つづ》けていた

2011年《ねん》、アメリカ人《じん》のクリス・ウォルトンさんという女性《じょせい》が、世界一長《せかいいちなが》い爪《つめ》の持《も》ち主《ぬし》として、ギネスブックに認定《にんてい》されました。

ラスベガスでロック歌手《かしゅ》としても活動《かつどう》しているウォルトンさんの爪《つめ》の長《なが》さは、両手《りょうて》を合《あ》わせて731・4㎝まで伸《の》びました。

まわりの人《ひと》たちに助《たす》けられながらも、書《か》くことをはじめ、生活《せいかつ》するうえでは、ほとんどのことをこなすことができました。

しかし、18年間《ねんかん》伸《の》ばし続《つづ》けた爪《つめ》をついに切《き》ってしまったそうです。

その次《つぎ》の世界記録《せかいきろく》の持《も》ち主《ぬし》となったのは、7mよりは少《すこ》し短《みじか》いですが、576㎝もあるアメリカ・テキサス州《しゅう》の女性《じょせい》、アヤナ・ウィリアムスさんとなりました。

アヤナさんはマニキュアを塗《ぬ》るのに20時間《じかん》もかかるらしいぞ

爪《つめ》の長《なが》さのウソ・ホント

片手《かたて》だけで9m以上《いじょう》の爪《つめ》の持《も》ち主《ぬし》がいた?

片手《かたて》の爪《つめ》の長《なが》さで世界記録《せかいきろく》に認定《にんてい》された
スリドハー・チラルさん（インド）。

ついに切《き》った爪《つめ》は博物館《はくぶつかん》に展示《てんじ》された

14歳《さい》から66年間《ねんかん》、左手《ひだりて》の爪《つめ》を伸《の》ばし続《つづ》けたというインドの男性《だんせい》、スリドハー・チラルさんは、909・6㎝と非常《ひじょう》に長《なが》い爪《つめ》の持《も》ち主《ぬし》でした。

爪《つめ》を伸《の》ばしたのは、友人《ゆうじん》の爪《つめ》を割《わ》ってしまい先生《せんせい》に怒《おこ》られたためです。チラルさんは長年《ながねん》の重《おも》みで、左手《ひだりて》の指《ゆび》を曲《ま》げたり開《ひら》いたりすることができなくなり、現《げん》在《ざい》はもう爪《つめ》を切《き》っています。

切《き》った爪《つめ》はタイムズスクエアの博物館《はくぶつかん》に売《う》られて展示《てんじ》され、チラルさんは老後《ろうご》を楽《らく》に暮《く》らせるお金《かね》を手《て》にしたそうです。

豆知識《まめちしき》 よく使《つか》う指《ゆび》は爪《つめ》の伸《の》びが速《はや》く、小指《こゆび》の爪《つめ》は伸《の》びがおそい。

髪《かみ》の長《なが》さの世界一《せかいいち》

6.8m

世界一《せかいいち》長《なが》い髪《かみ》の毛《け》は10kg以上《いじょう》の重《おも》さ

かつて、世界《せかい》でもっとも髪《かみ》が長《なが》いといわれたベトナム人《じん》の男性《だんせい》、トラン・バン・ヘイさんの髪《かみ》は、およそ6・8mもの長《なが》さがあったそうです。

ヘイさんの妻《つま》によると、ヘイさんは若《わか》いとき、散髪後《さんぱつご》によく体調《たいちょう》をくずしたため、50年《ねん》ほど前《まえ》から散髪《さんぱつ》に行《い》っていなかったそう。

ヘイさんの髪《かみ》はからまっていたので、日中《にっちゅう》は頭《あたま》の上《うえ》で髪《かみ》をまとめ、スカーフをかけていました。そのためにヘルメットをかぶることができず、オートバイのタクシーにも乗《の》ることができなかったそうです。

髪《かみ》の重《おも》さは10kg以上《いじょう》あり、10年《ねん》以上《いじょう》洗《あら》っていなかったといわれています。

ヘイさんは2010年《ねん》、79歳《さい》で亡《な》くなっています。

髪《かみ》の長《なが》さのウソ・ホント

髪《かみ》がもっとも長《なが》い10代《だい》は日本人《にほんじん》の女性《じょせい》?

髪《かみ》の毛《け》がもっとも長《なが》い10代《だい》として世界記録《せかいきろく》を残《のこ》した河原華唯都《かわはらけいと》さん。155.5㎝もあった。

期間限定《きかんげんてい》ながら世界記録達成《せかいきろくたっせい》

2018年《ねん》3月《がつ》、髪《かみ》がもっとも長《なが》い10代《だい》として、鹿児島県《かごしまけん》に住《す》む河原華唯都《かわはらけいと》さんという女性《じょせい》がギネスブックに認定《にんてい》されました。(13~18歳《さい》の誕生日前日《たんじょうびぜんじつ》までが対象《たいしょう》で、記録保持《きろくほじ》は同年《どうねん》4月《がつ》7日《か》まで)

河原《かわはら》さんの髪《かみ》の長《なが》さは155・5㎝。髪《かみ》の手入《てい》れを家族《かぞく》に手伝《てつだ》ってもらったり、寝《ね》るときは三《み》つ編《あ》みにしたりと大変《たいへん》だったそうです。

ちなみに、髪《かみ》の高《たか》さがもっとも高《たか》い「ハイトップフェイド」での2018年《ねん》のギネス記録《きろく》は、52㎝です。

豆知識《まめちしき》 平安時代《へいあんじだい》の女性《じょせい》は髪《かみ》が長《なが》いと美人《びじん》とされ、身長《しんちょう》より長《なが》く伸《の》ばした。

直立不動《ちょくりつふどう》の限界《げんかい》

30分《ぷん》

からだを動《うご》かさないと1時間《じかん》も立《た》っていられない

動《どう》物《ぶつ》の中《なか》で、2本《ほん》の足《あし》で歩《ある》いて生活《せいかつ》しているのは人間《にんげん》だけです。リスやレッサーパンダ、サル、ゴリラなど、うしろ足《あし》で立《た》つ動物《どうぶつ》はいるのですが、短時間《たんじかん》だけです。

では、人間《にんげん》はどのくらい立《た》っていられるのでしょうか。

じつは、直立不動《ちょくりつふどう》でまっすぐ立《た》つ「きをつけ」の姿勢《しせい》のままだと、わずか30分《ぷん》だけ。1時間《じかん》も立《た》っていられません。

座《すわ》る・寝《ね》るとき以外《いがい》、長《ちょう》時間《じかん》立《た》って活動《かつどう》できそうですが、それはあくまで、自《じ》由《ゆう》に動《うご》いていい場合《ばあい》です。

動《うご》かないでまっすぐ立《た》っていると足《あし》の筋肉《きんにく》が動《うご》きません。すると、血液《けつえき》が心臓《しんぞう》にスムーズにもどらず下半身《かはんしん》に血《ち》がたまり、脈拍《みゃくはく》が上《あ》がったり、血圧《けつあつ》にも影響《えいきょう》をおよぼしたりするのです。

からだはなるべくこまめに動《うご》かすようにするのじゃよ

二足歩行《にそくほこう》のきっかけをもっとくわしく

食《た》べ物《もの》を持《も》ち運《はこ》ぶために二足歩行《にそくほこう》になった!?

貴重《きちょう》なものは手《て》で運《はこ》びたい

チンパンジーは、食《た》べ物《もの》などが少《すく》なくなり、とりあいになると、二足歩行《にそくほこう》することが多《おお》くなります。手《て》を使《つか》えると、いちどにたくさん運《はこ》べるからです。

人類《じんるい》も、より多《おお》く運《はこ》ぶために二足歩行《にそくほこう》をするようになったと考《かんが》えられています。

豆知識《まめちしき》 座《すわ》っていても、ずっと同《おな》じ姿勢《しせい》を続《つづ》けるのは心臓《しんぞう》によくない。

生存《せいぞん》可能《かのう》な
高度《こうど》の限界《げんかい》

１.３万《まん》m

飛行機《ひこうき》が飛《と》ぶ高《たか》さでは人間《にんげん》は生《い》きられない

２

５００ｍ以上《いじょう》ある高《たか》い山《やま》に急《きゅう》に登《のぼ》ると、頭痛《ずつう》やはき気《け》などの症状《しょうじょう》が出《で》て、高山病《こうざんびょう》になる場合《ばあい》があります。気圧《きあつ》が低《ひく》くなるので、呼吸《こきゅう》していても酸素《さんそ》が取《と》りこみづらくなって、血液中《けつえきちゅう》の酸素《さんそ》が不足《ふそく》するからです。

富士山《ふじさん》の頂上《ちょうじょう》（３７７６ｍ）では、酸素《さんそ》の量《りょう》は平地《へいち》にくらべて３分《ぶん》の２ほどになるといわれています。富士山《ふじさん》の頂上《ちょうじょう》くらいの高《たか》さでは、気持《きも》ちがイライラしはじめ、５５４０ｍくらいの高《たか》さでは、興奮《こうふん》して眠気《ねむけ》がなくなります。６１００ｍでは気《き》を失《うしな》ってしまい、エベレストと同《おな》じくらいの８８００ｍは、かろうじて人《ひと》が生《い》きられる高《たか》さです。

高度《こうど》１万《まん》９０００ｍでは、からだ中《じゅう》の水分《すいぶん》が沸騰《ふっとう》して、爆発《ばくはつ》してしまうといわれます。

富士山《ふじさん》の上《うえ》は空気《くうき》が
おいしそうなのに、
息《いき》がしにくいんだね

くらべてみよう　高度《こうど》とからだの影響《えいきょう》

飛行機《ひこうき》が飛《と》ぶ1万《まん》3000mは生存《せいぞん》ギリギリ

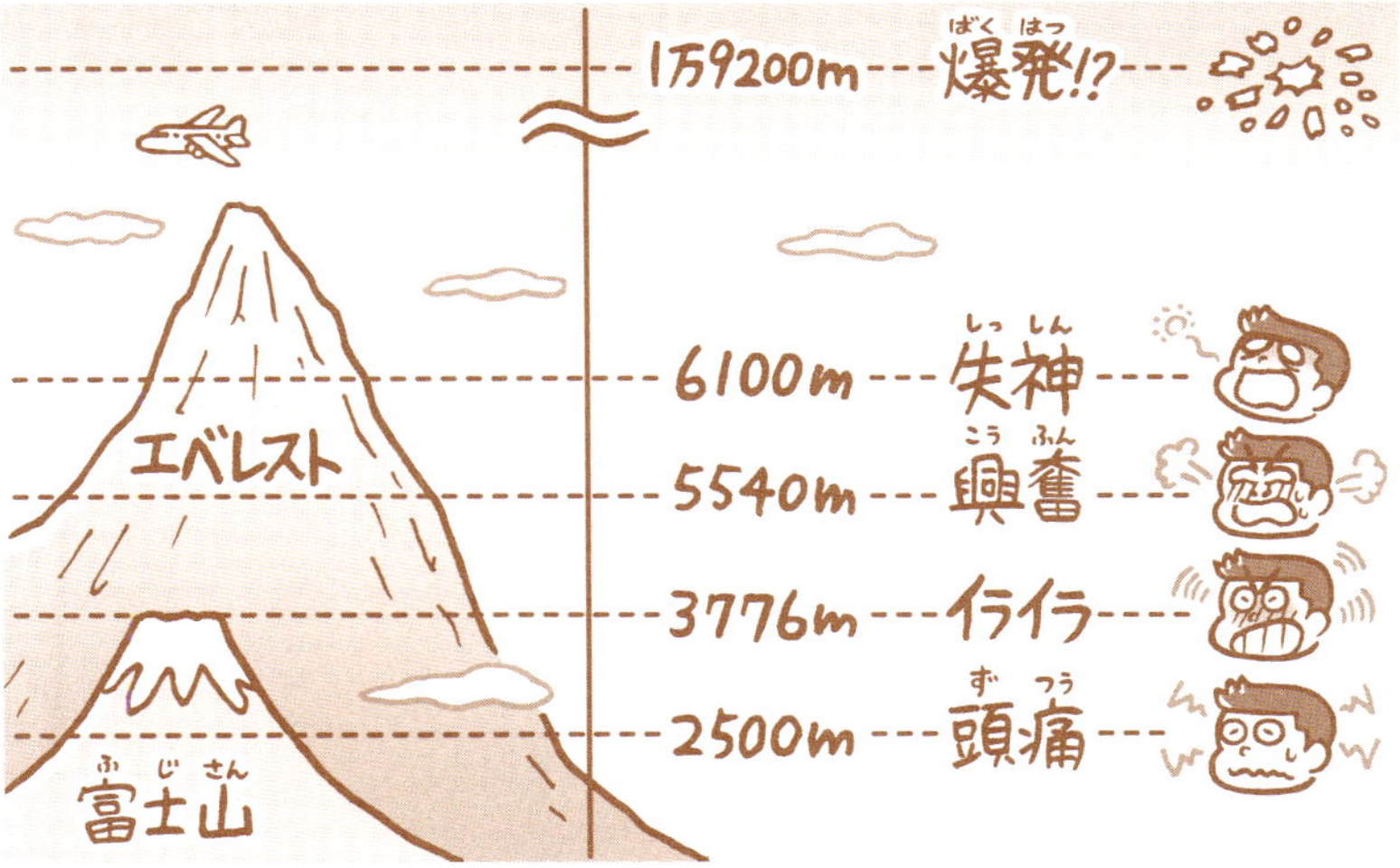

高度《こうど》が上《あ》がるほど命《いのち》の危険度《きけんど》も高《たか》くなる

富士山《ふじさん》は登山初心者《とざんしょしんしゃ》にも人気《にんき》ですが、頂上《ちょうじょう》では半数近《はんすうちか》くの人《ひと》が高山病《こうざんびょう》になります。慣《な》れれば順応《じゅんのう》して生活《せいかつ》することもできますが、5合目《ごうめ》（富士山口《ふじさんぐち》）くらいでも2400mほどの高《たか》さがあるので、高山病《こうざんびょう》になる人《ひと》もいます。

しかし、飛行機《ひこうき》が飛《と》ぶ高《たか》さ（最大《さいだい》で約《やく》1万《まん》3000m）になると大変《たいへん》です。飛行機《ひこうき》の機内《きない》は気圧《きあつ》が管理《かんり》されていますが、もし飛《と》んでいる飛行機《ひこうき》の外《そと》に出《で》たとすると、酸素濃度《さんそのうど》が少《すく》なくなり、意識《いしき》を保《たも》てません。

豆知識《まめちしき》　世界一高所《せかいいちこうしょ》の街《まち》はペルーのラ・リンコナダで標高《ひょうこう》5100m。

生存可能《せいぞんかのう》な
水深《すいしん》の限界《げんかい》

332m

潜《もぐ》れる水《みず》の深《ふか》さの限界《げんかい》は素潜《すもぐ》りの約《やく》3倍《ばい》

人《にん》間《げん》はどのくらいの深《ふか》さまで潜《もぐ》れるのでしょうか。ふつうのおとなは素潜《すもぐ》りで5mくらいですが、漁師《りょうし》には30mほど潜《もぐ》れる人《ひと》もいるようです。

ところが、人間《にんげん》はなんと素潜《すもぐ》りで100m以上潜水《いじょうせんすい》することに成功《せいこう》しています。

足《あし》にフィン（潜水用《せんすいよう》の足《あし》ヒレ）をつけず素《す》潜《もぐ》りする競技《きょうぎ》では101m、おもりの重《おも》みで潜《もぐ》るノーリミッツという競技《きょうぎ》では214m、

酸素《さんそ》をつめたタンクやフィンなどを使《つか》うスキューバダイビングでは332・35mが世界記録《せかいきろく》です。

記録《きろく》をつくったエジプトのアフメド・ガマル・ガブルさんは、4年《ねん》も訓練《くんれん》して準備《じゅんび》。ガブルさんは9本《ほん》、14人《にん》のサポートダイバーは93本《ほん》のタンクを使《つか》って記録達成《きろくたっせい》を支《ささ》えました。

世界一《せかいいち》の水深《すいしん》のウソ・ホント

チャレンジャー海淵《かいえん》にチャレンジ？

世界《せかい》で一番深《いちばんふか》い海溝《かいこう》であるマリアナ海溝《かいこう》。その中《なか》でもっとも深《ふか》いチャレンジャー海淵《かいえん》にチャレンジしたジェームズ・キャメロンさん。

10911mに到達《とうたつ》したジェームズ・キャメロンさん

世界《せかい》でもっとも深《ふか》い、マリアナ海溝《かいこう》の中《なか》で、さらにもっとも深《ふか》いところはチャレンジャー海淵《かいえん》と呼《よ》ばれ、水深《すいしん》は10911mもあります。

その深《ふか》さは、地球上《ちきゅうじょう》でもっとも高《たか》いエベレスト（8848m）をひっくり返《かえ》しても、さらに2063mも深《ふか》いほどです。

チャレンジャー海淵《かいえん》に単独《たんどく》ではじめて到達《とうたつ》したのは、アメリカの映画監督《えいがかんとく》のジェームズ・キャメロンさん。特別《とくべつ》な潜水艇《せんすいてい》に乗《の》って潜《もぐ》り、約《やく》3時間《じかん》とどまり、写真《しゃしん》や映像《えいぞう》の撮影《さつえい》を行《おこ》ないました。

豆知識《まめちしき》 海面《かいめん》にもどったキャメロンさんの最初《さいしょ》の一言《ひとこと》は「全《ぜん》システムOK《オーケー》」。

牛乳《ぎゅうにゅう》を飲《の》むだけでは背《せ》は伸《の》びない!?

小《ちい》さいころ、牛乳《ぎゅうにゅう》をたくさん飲《の》んだおとなは少《すく》なくありません。多《おお》くの人《ひと》に、牛乳《ぎゅうにゅう》を飲《の》むと身長《しんちょう》が伸《の》びると考《かんが》えられていたからです。

牛乳《ぎゅうにゅう》には、骨《ほね》を強《つよ》くするカルシウムがふくまれているので、骨《ほね》によいことは確《たし》かです。しかし、カロリーが高《たか》いので、飲《の》みすぎるとおなかがいっぱいになって食事《しょくじ》がとれなかったり、太《ふと》ってしまったりします。

身長《しんちょう》を伸《の》ばす本当《ほんとう》の栄養素《えいようそ》はたんぱく質《しつ》

身長《しんちょう》を伸《の》ばすのに大事《だいじ》な栄養素《えいようそ》は、たんぱく質《しつ》です。たんぱく質《しつ》は骨《ほね》や筋肉《きんにく》をつくる材料《ざいりょう》となり、骨《ほね》の成長《せいちょう》に必要《ひつよう》な成長《せいちょう》ホルモンの分泌《ぶんぴつ》をすすめます。

たんぱく質《しつ》とカルシウムを両方《りょうほう》ともとりいれることによって、健康的《けんこうてき》に身長《しんちょう》を伸《の》ばすことにつながるのです。

肉《にく》や豆腐《とうふ》などのたんぱく質《しつ》もとるのじゃよ
ゲッ、牛乳《ぎゅうにゅう》で伸《の》びるって信《しん》じていたのに！

参考文献《さんこうぶんけん》

『数字で読み解くからだの不思議』
竹内《たけうち》修二《しゅうじ》監修《かんしゅう》（講談社）

『カラダを大切にしたくなる人体図鑑』
竹内《たけうち》修二《しゅうじ》（SBクリエイティブ）

『人体68の謎—数字からみた“からだ”』
豊川《とよかわ》裕之《ひろゆき》、岩村《いわむら》吉晃《よしあき》、兵井《ひょうい》伸行《のぶゆき》（築地書館）

『数字で知る人体』
日本《にほん》雑学《ざつがく》研究会《けんきゅうかい》（毎日新聞社）

『数字でわかる 人体の奇跡』
「数字《すうじ》でわかる 人体《じんたい》の奇跡《きせき》」研究会《けんきゅうかい》（アントレックス）

『人体の限界』
山崎《やまさき》昌廣《まさひろ》（SBクリエイティブ）

『やさしくわかる子どものための医学 人体のふしぎな話365』
坂井《さかい》建雄《たつお》監修《かんしゅう》（ナツメ社）

『遺伝子図鑑』
国立《こくりつ》遺伝学《いでんがく》研究所《けんきゅうじょ》「遺伝子《いでんし》図鑑《ずかん》」編集《へんしゅう》委員会《いいんかい》編《へん》（悠書館）

『脳—「かたち」と「はたらき」—』
C.Watson M.Kirkcaldie G.Paxinos 徳野《とくの》博信《ひろのぶ》訳《やく》（共立出版）

『血液型の暗号』
藤田《ふじた》紘一郎《こういちろう》（日東書院）

『ギネス世界記録2018』
クレイグ・グレンディ編《へん》（KADOKAWA）

そのほか、多数のWEBサイトを参考にしています。

○監修者プロフィール

藤本幸弘（ふじもと・たかひろ）
クリニックF 院長。神奈川県鎌倉市生まれ。医師。東京都市大学工学部医用工学科客員教授。医学博士（東京大学2004）、工学博士（東海大学2013）、薬学博士（慶應義塾大学2017）。東京大学大学院医学系研究科修了、東海大学大学院総合理工学研究科修了、慶應義塾大学大学院薬学系研究科修了。東京大学医学部附属病院にて研修医、神奈川県立こども医療センター、東京都健康長寿医療センター、東京大学医学部附属病院、東京大学医科学研究所附属病院（東京大学助教）を経て2007 年に東京都千代田区にクリニックF を開業、現在に至る。レーザー医学、工学、薬学関連の国際学会では、現在までに200 回近い招待講演をこなしている。クリニックF 公式ブログ『新国際学会周遊記』は、世界の最新研修の情報源として月に数万アクセスを誇る。著書に『聴くだけでスッキリ痛みがとれる！～頭痛や生理痛がみるみる解消～』（ヤマハミュージックメディア）、『痩身を科学する―最新医療機器のススメ』『ハイドロジェン・セラピー―水素水を科学する』（いずれもソースブックス）、『耳つぼで体質改善ダイエット』（水王舎）、『メディカルアロマテラピーの科学』（コスモトゥーワン）、『美しい人は枕を"3つ"持っている』（双葉社）、『なぜ、経営者や医師は酸素カプセルを使うのか？』（クロスメディア・パブリッシング）などがある。

●企画・編集・DTP　造事務所
本文・カバーデザイン／大木真奈美
文／東野由美子
イラスト・マンガ／ニシノアポロ
図版／金井登、イラストAC

数字《すうじ》でわかる！
からだのびっくり図鑑《ずかん》

2019 年 3 月 5 日　初版第 1 刷発行

監修者　藤本幸弘
編著者　株式会社 造事務所
発行者　小山隆之
発行所　株式会社 実務教育出版
163-8671　東京都新宿区新宿 1-1-12
電話　03-3355-1812（編集）　03-3355-1951（販売）
振替　00160-0-78270

印刷／文化カラー印刷　製本／東京美術紙工

ISBN978-4-7889-1000-3　C0037